本書爲二〇一七—二〇一九年中國文化遺産研究院科研課題「院藏清陳介祺金石學資料整理研究」（課題編號2017-JBKY-13）成果之一

古文字與中華文明傳承發展工程

本書得到國家「古文字與中華文明傳承發展工程」支持

漢器

赫俊紅　主編

国家出版基金项目
NATIONAL PUBLICATION FOUNDATION

中華書局

圖書在版編目(CIP)數據

陳介祺拓本集．漢器 / 赫俊紅主編．－北京：中華書局，2024.12
（陳介祺手稿拓本合集）
ISBN 978-7-101-16502-9

Ⅰ．陳… Ⅱ．赫… Ⅲ．古器物－拓本－中國－圖集 Ⅳ．K87

中國國家版本館 CIP 數據核字 (2023) 第 242005 號

書　　名	陳介祺拓本集・漢器
叢 書 名	陳介祺手稿拓本合集
主　　編	赫俊紅
責任編輯	許旭虹　吴麒麟
裝幀設計	許麗娟
責任印製	陳麗娜
出版發行	中華書局
	（北京市豐臺區太平橋西里38號 100073）
	http: // www. zhbc. com. cn
	E-mail: zhbc@zhbc. com. cn
印　　刷	北京雅昌藝術印刷有限公司
版　　次	2024年12月北京第1版
	2024年12月北京第1次印刷
規　　格	開本889 × 1194毫米　1/8
	印張20
國際書號	ISBN 978-7-101-16502-9
定　　價	460.00元

緒言　清代陳介祺的金石鑒藏與傳拓

陳介祺（一八一三—一八八四，字壽卿，號簠齋）二十歲左右開啓了他的金石人生，五十餘載傾心致力於金石古器的鑒藏考釋和傳拓賡續，其成就可謂傳統金石學發展歷程上的一座豐碑。

簠齋在清咸豐四年（一八五四）引退歸里山東濰縣之前，所收藏的吉金、古璽印及金文拓本已初具規模，其中吉金一百三十餘器，包括西周毛公鼎（圖一）、天亡毀（圖二）等重器，古璽印二千餘方，金文拓本七百餘種。他以拜見、過訪、書函等方式與當時諸多金石前輩或同好，如阮元、張廷濟、徐同柏、劉喜海、吳式芬、李璋煜、許瀚、翁大年、何紹基、吕佺孫、吴雲、陳畯、釋達受等，在收藏、鑒考和傳拓方面均有不同程度的交流和切磋。

簠齋歸里後至光緒十年（一八八四）去世的三十年間，從其治金石的成就來看，可分爲早中晚三個時段。早期爲咸豐五年至十一年（一八五五—一八六一）的六七年間，簠齋暫居鄉野，因時局動蕩，家室未安，治金石雖偶有收穫，但比較有限。中期即同治元年至十年（一八六二—一八七一），簠齋遷居城内，新建宅第，儘管時局不穩，家事多艱，地處僻壤交游不便，但在金石的鑒藏、研究和承續上已逐漸形成獨特的傳古理念。晚期爲同治十一年至光緒十年（一八七二—一八八四）的十多年間，簠齋在同治十年連遭喪妻失子之悲後，更傾心於金石之業，無論是在收藏品類的廣度和深度上，還是在金文考釋著述、金石製拓技藝的传承創新上，皆成就顯著，後人難以望其項背。同時，他與仕宦吴雲、潘祖蔭、吴大澂、鮑康、王懿榮等金石同好頻頻通函，交流探討治金石文字之學的心得和經驗，並不遺餘力地藉助傳拓來踐行金石文化的推廣和傳承。

一、簠齋的金石鑒藏及傳古觀

清代中晚期，金石鑒藏已成爲書畫收藏之外的重要門類。簠齋喜古書畫，更嗜金石古器及拓本，同治十二年七月廿九日致吴雲札云：「書畫之愛，今不如昔。以金文拓本爲最切，其味爲最深厚，石鼓秦刻漢隸古拓次之。」[一]他一生收藏的金石器在品類及數量上是個動態的過程，當經歷了咸豐同治年間的社會動蕩，感到幾十年來的積藏命運叵測時，他決意用傳拓的方式將私藏與海内同好共享，遂經年不斷費盡心力地延聘工友拓製所藏金石璽印以贈友好或售直助拓以傳古[二]。簠齋將所製拓本用毛頭紙包裝起來，隨手將考釋及各事題於包裝紙上[三]。據曾負責保管簠齋拓本箱及手稿的陳繼揆（一九二一—二〇〇八）先生統計，「僅舉其有銘文者，商周銅器二百四十八件，秦漢銅器九十七件，石刻一百一十九件，磚三百二十六件，瓦當九百二十三件，銅鏡二百件，璽印七千餘方，封泥五百四十八方，陶文五千片，泉鏡鏃各式範一千件，銅造像無目不計」[四]。簠齋得器的主要途徑有購自市肆、得自舊藏家、親友饋贈、與藏友交换、托古董商或友人代爲尋購等。簠齋在歸里濰縣之前，多着力於古璽印及吉金彝器等鐘鼎重器的收藏，歸里後受限於經濟及地理因素，更多地關注齊魯地區出土的秦漢磚瓦石刻等，尤其是最早敏鋭地發現、收藏及研究古陶文。簠齋對藏品的尋覓選擇，無不體現其求真尚精、重文字、傳文脈的傳古思想和觀念。

（一）求真與尚精

簠齋的求真與尚精觀，貫穿於他對器物的鑒藏以及對器形和文字等信息的複製和保存中。他認爲「傳古首在別僞，次即貴精拓、精摹、精刻，以存其真」。也就是説，簠齋既重視器物本體的真實性，又重視器物文化信息在存留傳承過程中的真實性。前者要靠較高的學識和認知來去僞汰疑，後者要靠精微的工藝來實現。

就簠齋的藏器而言，在得自劉喜海舊藏的二十多件吉金中，他認爲益公鐘「疑陝僞」（圖三），雙耳壺「字僞」（圖四）[五]。簠齋與潘祖蔭等同好在通函中提及所藏的「十鐘」、「十一鐘」並不包括益公鐘[六]。對於他人所藏僞器或不真之器，簠齋也不諱言。同治十二年七月，他在得閲潘祖蔭《攀古樓彝器款識》和吴雲《兩罍軒彝器圖釋》刊本後，直言不諱地力勸二人要淘汰僞器和可疑之器，「以欲存古人之真」[七]，以免誤導後人。

[一]（清）陳介祺著、陳繼揆整理：《秦前文字之語》，齊魯書社，一九九一年，第二三九頁。
[二]（清）陳介祺《傳古小啓》（初稿），（清）陳介祺著、赫俊紅整理：《陳介祺手稿集》第四册，中華書局，二〇二三年，第九三二頁。
[三]（清）陳介祺著、陳繼揆整理：《簠齋金文題識》序，文物出版社，二〇〇五年。
[四]《秦前文字之語》前言，第三頁。
[五] 中國文化遺産研究院藏五册精裝本《簠齋藏吉金拓片》（登録號00995）中益公鐘、雙耳壺拓本的背面題字。
[六] 赫俊紅：《陳介祺藏鐘及對潘祖蔭邵鐘的考釋》，載《文物天地》二〇二二年第一期。
[七] 簠齋同治十三年二月十三日致鮑康札，《秦前文字之語》，第一八六頁。

圖一　西周毛公鼎全形拓初拓本（陳進藏）

圖二　西周天亡毀全形拓

圖三　薰齋疑僞器益公鐘全形拓及背面題字

圖四　薰齋疑僞器雙耳壺全形拓及背面題字

他的這種汰僞去疑的存真觀，在致潘祖蔭、王懿榮、吴雲的信札中多有體現，同治十三年八月廿一日致潘祖蔭札中更是直言：「愚者之實事求是，良可哂也。其望當代之大收藏家專傳所得至可信之品，而不敢言可汰者，則其誠亦可憫矣。」[二]

簠齋對於藏器不僅求真，還力求「精」和「古」，即重視藏器的時代性和代表性。他認爲「多不如真，真不如精，古而精足矣，奚以多爲。得可存者十，不如得精者一」[三]。故鮑康（一八一〇—一八八一）評曰：「壽卿所藏古器無一不精，且多允推當代第一。」[三]簠齋求真尚精觀在傳拓方面的體現，將在下文述及。

（二）重文字與傳文脈

簠齋治金石的最大特點是重視文字，一是重文的義理，二是重字的本身。簠齋各品類的收藏皆因文字而起意，尤其好三代吉金文字，他在囑托西安古董商蘇億年代爲覓器時寫道：「以字爲主，式樣次之，顏色花文又次之。只好顏色而字遜者亦甚不必爭。天地間惟以字爲重，字以古爲重。時代愈晚愈輕。印自不如古器，而費又多。雖費多而不能敵一重器，私印尤不敵官印。余收古物以印之費爲多，而愛之則不如三代器，愈老愈愛三代古文字拓本也。……如有再出字多之器，千萬不可失之。切屬切屬！千萬千萬！」[四]簠齋對商周秦漢歷代金文的信息特點有中肯的歸納：「金文以三代文字爲重，秦無文字，漢器之銘無文章，記年月、尺寸、斤兩、地名、器名、官名、工名而已，後世則並此而無之矣。」[五]

三代金文之所以重要，是因爲簠齋認識到商周金文是秦燔之前的「古文字真面」，是探究先秦社會歷史的原真性資料。秦代是中國社會歷史遞變的一個重要節點，秦燔加劇了後世與周文化之間的斷裂，「秦以前是一天地，同此世界，而與後迥不同」。而久埋地下被不斷發現的吉金銘文，刷新着有識之士對古史的認知。簠齋認爲「三代器之字，皆聖人所製。其文亦秉聖人之法，循聖人之理。亦有聖人之言，特不過是古人之一事耳」[六]。相較於漢儒整理輯存的先秦文獻，有些吉金重器的銘文甚至可稱爲「真古文尚書者」。正是這種對商周金文原真性史料價值的清晰認識，促使他數十年不間斷地對自藏周毛公鼎、天亡𣪘和戰國區鍑，潘祖蔭藏盂鼎、邵鐘、尨姞𣪘，以及吴雲藏齊侯罍等重器銘文進行研究和考釋，目的是欲求古人之理，明古人之心。他在同治十年毛公鼎銘考釋之初創稿的題記中寫道：「明聖人之理，然後可以知聖人之心。知聖人之心，然後可以論聖人之事。」[七]

金石文字還是簠齋鑒定古器真僞的核心要素。他認爲「古器字既著録傳後，必先嚴辨真僞，不可説贋」，還提出了鑒别真僞的要訣，一方面是從解讀字詞和篇章的角度，不僅要重釋字訓詁，更要重篇章結構，要能貫通古人之文理文法，即「以文定之」；另一方面是從解析文字書寫的角度，要精熟古人之行字用筆，即「以字定之」[八]。他在致潘祖蔭等人的信札中也多有類似言論：「收古器則必當講求古人作篆用筆之法，知之然後可以判真贋。」「論文字以握論器之要。」「近日作僞至工，須以作字之原與筆力别之，奇而無理，工而無力，則其僞必矣。」「識得古人筆法，自不至爲僞刻所紿，潛心篤好，以真者審之，久能自别。」

簠齋重視文字還體現在對金文新舊拓本不遺餘力的搜集上。歸里前，他將所藏三代器文拓本七百餘種裝幀成册，後來鼓動各大藏家彙集所藏金文拓本編纂字學辭典《説文統編》，以校訂和補充漢代許慎的《説文解字》。同治十一年十月十四日簠齋致鮑康札云：「今人論書，必推許氏，然許書已非真本，豈能如鐘鼎爲古文字盧山真面。當以今世所傳金文千餘種，合古書帖，編增許書。鐘鼎之外，惟古刀幣及三代古印耳，是當並補許書中。豈可不精摹而使再少失真，日後又無從仿佛邪。好古家刻書，每患己見之陋而沮，愚謂刻摹精審，則天下後世，皆得借吾刻以考證，又何必因噎而使錯過失時。惜乎，燕翁不明此理，而徒以玩物畢一生之精力而一無所傳也。」[九]

劉喜海（一七九三—一八五二，號燕庭）富藏金石，簠齋所藏鐘鼎、秦量詔銅版等重要器物皆得自劉氏舊藏，他對劉氏所藏未能廣佈傳播並惠及後世深感惋惜，並引以爲戒。簠齋在刻成於同治十二年的《傳古小啓》中，很明確地表達了將私藏金石文字以傳拓的方式化爲公器的傳古觀念。他寫道：「天地古今所傳文字耳。大而精者義理，小而粗者文字，無文字則義理亦不著矣。余收金石古文字四十年餘，歸里來以玩物例屏之。同治丁卯，青齊息警後，自念半生之力既糜於此，三代古文字猶是漆簡真面目，非玩物比也。時代限之，以次而降。今不如古，不能相强。雖一藝，古文字亦可珍也。檢視所藏，尚少贋字。拓傳，公諸海内。」[十]

二、簠齋的金石傳拓及拓工

（一）精拓多傳

簠齋鑒藏金石的最終目的，是要憑藉文字來揭示古人之義理，傳承接續先賢之文脈。此外，他傳承文脈的另一重要方式是以傳拓來存續文字信息，尤其是在經歷動盪亂世之後，他深感古器存世無常，傳拓之

[一]《秦前文字之語》，第三三頁。
[二]簠齋同治十二年七月十日致潘祖蔭札之附箋，見《秦前文字之語》，第四頁。
[三]（清）鮑康：《續叢稿》第三七頁，「再題壽卿瓦當拓册」一則，載《觀古閣叢刻》，清同治光緒間刻本。
[四]羅宏才：《新發現的兩通陳介祺書信》，載《文物》一九九五年第一期。
[五]簠齋同治十二年八月（廿九日）致潘祖蔭札之附箋，《秦前文字之語》，第九頁。
[六]《金文宜裝册》，《陳介祺手稿集》第四册，第九七四頁。
[七]《周毛公厝鼎銘釋文》（初創稿），《陳介祺手稿集》第一册，第三七頁。
[八]《古器説》，《陳介祺手稿集》第四册，第九七六頁。
[九]《秦前文字之語》，第一四五至一四六頁。燕翁，指劉喜海。
[十]《傳古小啓》，《陳介祺手稿集》第四册，第九三二、九三八頁。

志更加堅定和迫切，不惜傾盡心力，延聘和培養拓工，將積藏半生的金石以傳拓方式來記録和保存古器之真形、古文字之真面，甚至不恥以售拓的方式來籌資助拓，從而更廣泛地傳播和光大了金石文化。

在藏器、製拓與傳古的關係上，簠齋認爲要「精拓多傳」，「使今日後日知之，勿以拓之不易而靳之也」[一]。若有藏器而不拓傳則若無器，「不拓則有若無，拓傳而古人傳，則藏者能以古文字公海内矣」[二]。

在製拓工藝上，他亦講求「真」與「精」。就金石文字而言，真與精體現在剔字時對字之邊際的明辨，以及拓字時對拓包、墨、紙、水之間濃淡乾濕及手法的掌控上[三]。就吉金全形拓而言，體現真與精的關鍵之處，一是器形的整體真實感，二是分紙局部拓出再綴合，三是精細與傳神。簠齋的吉金全形拓圖像具有真實、端莊、古雅和滄桑的特點，體現了他對吉金彝器功能及性質的理解，實現了全形圖像製拓工藝上的傳承和創新。

具體而言，當時製作器物拓本大致有兩種樣式，一是釋達受（字六舟）的整拓法，一是陳克明（字南叔）和陳畯（字粟園）的分紙綴合拓[四]。簠齋居京時，與達受、陳畯皆有往來交流，熟知其不同拓法，認爲前者「完紙成之，尤極精能，雖有巧者不能出其心思已」，「似巧而俗，不入大雅之賞」[五]；後者「從器上拓出而形象曲合」，且「遍觀所拓，古雅静穆，真不啻在三代几席間也」[六]。

簠齋的全形拓延承了陳畯的分拓綴合法，並探索利用洋照的優勢於拓圖之中。他在同治十一年（一八七二）九月至光緒元年（一八七五）七月間致吳雲、王懿榮、吳大澂、潘祖蔭的信札中，多次提及對傳入中國的西洋照相術成像特點的理解和審美，積極倡導利用洋照來拍攝古器、書畫碑帖，以保存和傳承中國之藝文。他認爲洋照拍攝出的古器圖，形象逼真，但其景深前大後小（或近大遠小），有失器之神態，且花紋不清晰，故作器圖時要不拘洋照，中西結合，即取洋照之形式，並據器之曲折處審校，修補必須表現而照圖中没有之處，再結合墨拓花紋等局部進行綴合[七]。同治十三年（一八七四）十二月二日、光緒元年（一八七五）正月二十日，簠齋致潘祖蔭的兩札中，建議潘氏用洋照與墨拓相結合的方法作盂鼎圖。

縱觀簠齋吉金全形拓圖，其視覺真實性的達成，一方面在構思上，是將器物在多視點平視下的正投影與俯視下的前後陰陽及比例關係相融合；在工序上，先依器之耳、足、口沿、腹身等不同部位用極薄細軟的紙分別拓出，再將其按擬定的視覺關係綴合黏貼在作爲襯紙的宣紙上。另一方面，拓墨的濃淡相間施用，精微地凸顯出器之口沿、耳、足、提梁、腹部扉棱、花紋等的立體質感，結合器内外素面處的淡墨平拓，間以斑駁印迹，使得青銅彝器的立體、厚重感躍然紙上，並在呈現視覺真實性的同時，透出一種古雅的文人化的審美氣息。

約在同治十三年，簠齋將平日所知所得以及既可保護好古器又能製出精拓的要訣寫成《傳古別録》，由潘祖蔭代爲刊佈。吳大澂（一八三五—一九〇二）盛贊簠齋道：「三代彝器之富，鑒別之精，無過長者。拓本之工，亦從古所未有。」「然非好之真，不知拓之貴，亦不知精拓之難。」簠齋這種記録和呈現吉金古器的傳拓方法，突破了北宋《宣和博古圖》和清乾隆朝《西清古鑒》[八]中僅靠摹繪古器輪廓形象和紋飾的製圖局限，達到了真實性與藝術表現性的統一。

簠齋藏器及拓本的品類和數量，在不同時段會有差異。同治十一二年間簠齋在《傳古小啓》中開列了當時可售直的拓本清單：鐘拓十種，三十字以上彝器及秦器拓共約四十種，三代彝器拓大小殘缺約一百五十種，三代秦漢六朝古銅器小品及銅造像拓本約百種内，古刀布及泉拓最瑣屑而未列數量，泉範拓百餘種，漢鏡拓百餘種，秦漢瓦當及瓦字拓百種内，漢魏六朝磚拓百餘種，六朝唐宋元石拓約百種内，《十鐘山房印舉》六函（後改爲八十册八函）。此外，簠齋在致友人信札並寄贈拓本時，也偶有提及某類拓本全份的數量。目前在陳進先生處可得見陳氏家藏拓本目録，其中《十鐘山房藏古目》列有商周、秦漢銘文銅器三百四十五種，《鏡拓全目》有銅鏡二百種，《瓦拓全目》有瓦拓九百二十四種，《專拓全目》列秦漢、南北朝古磚三百二十三種，《十鐘山房藏石目》有東漢至宋金刻石及造像一百一十八種。

（二）簠齋的拓工

簠齋最早的傳拓助手是陳畯（字粟園，海鹽人）。簠齋居京期間與陳畯交往，較早的交往記録見簠齋道光二十一年（一八四一）所作的《虢季子白盤釋記》，其中提及劉喜海囑其友粟園手拓盤銘以其一贈簠齋，陳畯六月到京，兩人「相從論古以永日」。咸豐元年（一八五一）前後，簠齋請粟園移榻家中，助拓《簠齋印集》十部[九]。簠齋認爲粟園性情「静專」[十]，拓工至精，很欣賞其全形製拓中能保留古器之真的做法，

[一] 簠齋同治十三年六月十三日致吳雲札，見《秦前文字之語》，第二五四頁。

[二]《古器説》，《陳介祺手稿集》第四册，第九七九頁。

[三] 見《傳古別録》中「剔字之弊」、「拓字之法」的有關闡述，《陳介祺手稿集》第四册，第九八八至一〇〇四頁。

[四] 簠齋同治十二年十月十三日致吳雲札云：「圖乃六舟作法，不及陳南叔竹林作圖以尺寸爲主，須以細銅絲或竹筋密排於版中，使槓抵於器之中，則大小可得其真，曲折悉合，然後側之以見器之陰陽向背之情，然後橐者就古器寬平者拓文，就器而撕合之，則不失矣。陰陽向背圖器同審自合（合則刻木，拓之亦佳）。」《秦前文字之語》，第二四七、二四八頁。

[五]《傳古別録》，《陳介祺手稿集》第四册，第一〇〇三頁。

[六] 陸明君著：《陳介祺年譜》，西泠印社出版社，二〇一五年，第六六頁。

[七] 參見簠齋同治十一年九月二日致吳雲札附箋，次年十月十三日致吳雲札，《秦前文字之語》，第二一七、二四八頁。

[八] 王黼奉敕編纂的《宣和博古圖》輯録了宋皇室所藏商至唐代的青銅器，對每件器物均摹繪圖形和款識，記録容量、重量、銘文字數及釋文等，間有考記；目前流傳版本多爲明清重修本，如明萬曆間的《泊如齋重修宣和博古圖録》，由畫家丁雲鵬、吳廷羽繪圖。《西清古鑑》仿《宣和博古圖》遺式，著録清殿廷陳列及内府所藏青銅古器，除文字記考外，亦摹篆款識，精繪形模。此書清乾隆十四年（一七四九）由吏部尚書梁詩正、户部尚書蔣溥、工部尚書汪由敦等奉敕編纂，陳孝泳、楊瑞蓮摹篆，畫院供奉梁觀、丁觀鵬等繪圖。參見《西清古鑑》清光緒十四年（一八八八）日本邁宋書館銅版刻本。

[九] 簠齋云：「昔辛亥（一八五一）陳粟園爲作《簠齋印集》十部，十月始成。葉（志詵）、劉（喜海）、李（璋煜）、吳（式芬）、呂（堯仙）諸公醵貲助之乃就。」見《傳古小啓》（三抄校稿本），《陳介祺手稿集》第四册，第九四一頁。

[十] 簠齋同治十一年九月二日致吳雲札之附箋云：「廿年前所著《簠齋印集》，僅成十部。友人醵贈粟園亡友，每部十金或十餘金不等，紙與印泥不與焉。閲八月乃畢，非粟園静專，不能就也。」見《秦前文字之語》，第二二五頁。

並在歸里後的傳拓實踐中加以繼承且進一步發展完善。他在一套五册精裝本的吉金全形拓目録中寫道：「全圖必以粟園爲宗，而更求精。」[一]（圖五）作爲良工益友的陳粟園，成爲簠齋歸里後每每追念的拓工典範，這一點簠齋在致鮑康、潘祖蔭等友人的信札中多次提及。

簠齋在傳拓過程中總念及粟園，是因很難遇到稱心的好拓工。他在同治十三年六月六日、七月十一日致潘祖蔭札中云：「拓友之難備嘗，教拓則苦其鈍，又苦其厭，久而未必能安，重椎損器，多拓磨擦，私留拓本，妄費紙墨，出外游蕩，技未至精，而自恃非伊不可，與言每不隨意。若陳粟園者，貞不可復得。即欲多延一二人，亦須有人照料方妥，此亦約略。」「敝處拓友，皆日日自看自教，拓未至精，而相處亦不易。如粟園者，今日豈可得哉。」[二]簠齋認爲好的拓工至少要具備以下幾方面特點：有一定的學養、通篆學，品性誠實可靠，静心專注，精細沉穩，技術精嚴。「延友則必須通篆學，誠篤精細，不輕躁鹵莽者。此等人亦必須善遇之，使之能安，然甚不易得。」[三]

同鄉王石經（一八一三—一九一八，號西泉）爲武生員，通篆法，刻印能得漢法，常得簠齋指點引導，是簠齋比較稱意的拓友。簠齋在光緒二年（一八七六）四月四日爲《西泉印存》題記曰：「西泉作印與年俱進，昔師漢印，今則秦斯金石刻，三代器文之法，有得於心。徒以古印求之，非知西泉者矣。」簠齋用印多出其手，評價他可與趙之謙比肩，「西泉似不讓撝叔也」[四]。簠齋還引薦西泉爲潘祖蔭、王懿榮等同好刻印，潘祖蔭在光緒十二年（一八八六）二月下旬題《西泉印存》云：「簠齋丈曾屬西泉爲余刻印，今年始遇於都門，復爲刻數枚。西泉之印近今無第二人。質之知者以爲何如？」[五]

簠齋延聘過的其他拓工主要有：張子達、吕守業（劉守業）、陳佩綱、姚公符、何昆玉（字伯瑜）等。他們各有長處和不足。對於張子達，簠齋認爲，其身體和品性皆有缺陷，但「拓白文能精」，「拓墨則他人皆不及」[六]。簠齋致潘祖蔭札云：「張子達（衍聰）之拓法，卻勝東省他人。但聾甚，又多疑，又能使氣，又私拓，又不惜護（卻未損），非有人監拓不可。薄如幣布朽破不可觸者，恐非所宜。又不能拓陽文，而尚能作圖，圖須指示乃大方。」[七]張氏墨拓北魏畫像石《曹望憘造像記》，簠齋認爲「工而未雅」[八]。

吕守業（曾姓劉，後改歸本宗，仍名守業）是簠齋培養出來的能精拓石瓦的拓工，「數年來令此劉姓習拓石瓦，二者竟能精，惟尚未能拓吉金，亦未多習之故。年少穩細，能領略指授，今日不可多得」[九]。簠齋在同治十二年（一八七三）十二月至光緒元年（一八七五）五月致鮑康、吴雲、王懿榮的信札中數次提及，認爲吕氏能受教，能究心，從容謹細，行不劣，是位好拓手，只是做工慢，「不受迫促，一紙須他人數紙工夫，勿輕視之」。簠齋曾遣其參與瑯琊秦刻之拓事，吕氏還曾拓北周武成宇文仲造玉像等。

陳佩綱（字子振），簠齋族弟，從簠齋學習摹刻古印，雖日有長進，但仍遜於王石經，「子振止能刻，若令自篆鐘鼎則不能成章，至鈎字或增或減其過不及者，則不能解，亦極代費心目。西泉能知之且知其意，故是良友」[十]。簠齋曾囑子振爲潘祖蔭、吴大澂、王懿榮刻印。

姚公符（？—一八七九），簠齋晚年傳拓助手，曾拓古陶、矢胸盤等。簠齋光緒四年（一八七八）十月九日致吴大澂札云：「古匋今得邑人姚公符學桓作圖，尚精細。今寄圖屏六十二幅，又矢胸盤大紙者一幅（有考未及書），紙背少有次序。公符寒士，以筆墨爲生，乞酌助之。」[十一]

何昆玉，廣東高要人，同治十一二年間携潘氏看篆樓古印、葉氏平安館節署燼餘古印到簠齋處，簠齋出其舊藏，並增益岳父李璋煜、吴式芬、鮑康等藏印編纂《十鐘山房印舉》[十二]。何氏助拓一年多，約成《十鐘山房印舉》廿部，每部八十本八函[十三]。

三、《陳介祺拓本集》的輯刊

百餘年過去，簠齋藏器歷經滄桑，四散海内外，而中國文化遺産研究院有緣珍藏了簠齋考釋手稿及一批金石拓本。手稿係簠齋後人於一九六四年捐贈，金石拓本主要是二十世紀五六十年代國家文物主管部門從市肆購得。二〇一七至二〇一九年，筆者以文研院立項科研課題「院藏陳介祺金石學資料整理研究」（編號 2017-JBKY-13）爲契機，全面調查了簠齋藏器拓本，分門别類進行了鑒别、整理和研究，分爲商周彝器全形拓、商周彝器文字拓、商周兵器、秦詔量權、漢器、銅鏡、泉布泉範、瓦當、古磚、古陶文十種，彙爲《陳介祺拓本集》，有關情況簡述如下。

[一]《簠齋藏吉金拓片》（登録號00995），中國文化遺産研究院藏。
[二]《秦前文字之語》，第二四、二八頁。
[三]簠齋同治十三年七月十一日致潘祖蔭札，《秦前文字之語》，第二九頁。
[四]簠齋光緒元年正月十一日致潘祖蔭札，《秦前文字之語》，第四六、四七頁。
[五]（清）王石經著、陳進整理：《西泉印存》，天津人民美術出版社，二〇一四年。
[六]簠齋同治十三年八月廿一日致潘祖蔭札，《秦前文字之語》，第三五頁；光緒元年七月二十五日致王懿榮札，《秦前文字之語》，第一一三頁。
[七]簠齋光緒元年正月十一日致潘祖蔭札，《秦前文字之語》，第四七頁。
[八]簠齋光緒元年七月二十五日致王懿榮札，《秦前文字之語》，第一一三頁。
[九]簠齋同治十二年十二月立春後一日致鮑康札，《秦前文字之語》，第一八三頁。
[十]簠齋光緒元年三月二日致王懿榮札，《秦前文字之語》，第一〇三頁
[十一]《秦前文字之語》，第三二一頁。次年（一八七八）九月十九日簠齋致吴大澂札云：「姚公符亦作古，須别倩人爲之。」《秦前文字之語》，第三二六頁。
[十二]簠齋同治十二年二月二十四日致吴雲札，《秦前文字之語》，第二三〇頁。
[十三]簠齋同治十二年十一月十五日致鮑康札，《秦前文字之語》，第一八〇頁。

楚公鐘
古奇字鐘
商子爵瞿戊敦 有乳
商筮山彝 有乳
㪅父乙卯彝 底有㪅文
中彝 底有亂文
王有大豐敦 四耳
伯雝父敦 器蓋
粟生忽父敦 器蓋
又一
豐兮了敦 器蓋
君夫敦蓋
陳侯因資錞 器
曾伯霥簠 蓋
虢叔簠器
許子粧簠 蓋
緐父盤 贈李氏
鄭君娸鼎
犀伯魚父鼎
旁戉小鼎
珊子鬲鼎 贈施氏
矢伯雝(?)卣 器蓋
盞中狂卣 器
此獻尊 器蓋
傳尊
冒鼎父尊 贈李氏
奇字器

目乙斝
冉虎斝
母甲觶
父丁吉田觶
聿貝父辛觶
手止父乙觶
婦闕觚 器蓋
又一
饕饕爵
子丁爵
舟且庚爵
旗單父丙爵
魚父丙爵
子八父丁爵
周窆匜
宗山豆 鄭宋皆宣器
眉睞鼎 蓋有商字
綴安君鉼
明刀鼎 器蓋

全圖如以
粟園為宗
石夏求精

陽朔上林鼎 器蓋
陽周倉金鼎 器
第十平陽共鼎 器
杜共鼎蓋
安成鼎蓋 再補器
廢邱鼎蓋
陽嘉扶侯鍾
元延 隆慮鐙
又一 劉氏
元延 萬歲宮鐙
上軍侯燭豆 丙鐙
桂宮行鐙
長宜子孫洗
董彤洗
乙庚鐘
竹中鐘
龍牛偏鐘
遅止姜㸒簋
黎 十六年
池陽宮行鐙
以上六器 後寰敦 丙中角
乃葉氏物

商天君鼎
叔厝鼎 小鼎也出齊地 當日陳壽卿作 鼎真器蓋者罕見
趩尊
應公尊
伯罿簠 卣器蓋
商且己卣 父辛 底有釋文
孟爵 當与孟鼎為一人 爵中第一 蓋三之匹
虘爵
㪅父丁爵 當即作㪅彝之人 所為
子爵 東卿物 将赴粵 暑時失之
亞孫父乙觶
天子頌觚 購之拳石山房 觚中已僅者
翀觚
召闔皇父敦 器蓋
立戈子執干盉
臤匜
函皇父匜
臤虘盤
步高宮鐙
闞村行鐙
吉羊洗
太康壺 晉武帝司馬炎 二十五年

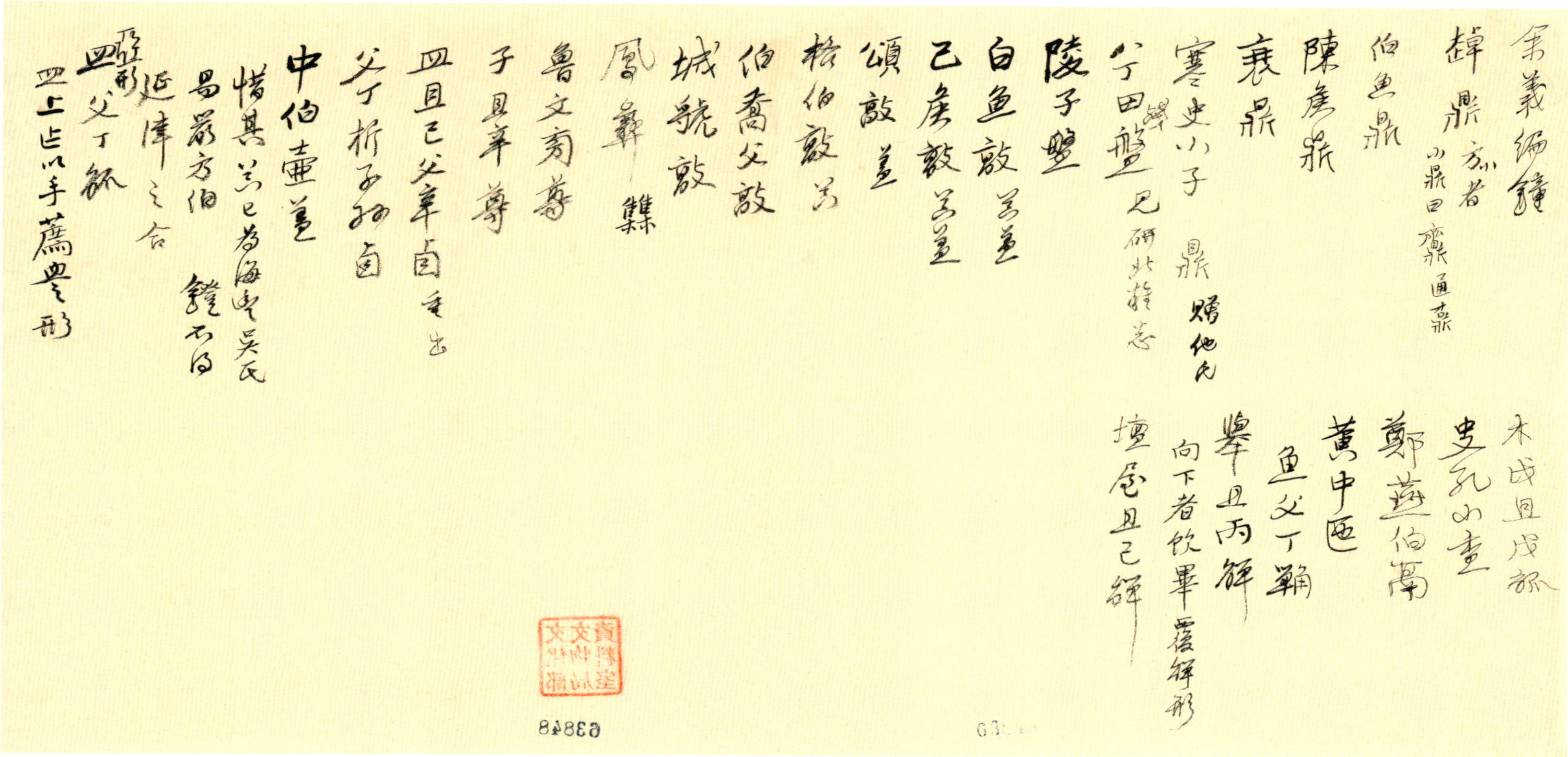

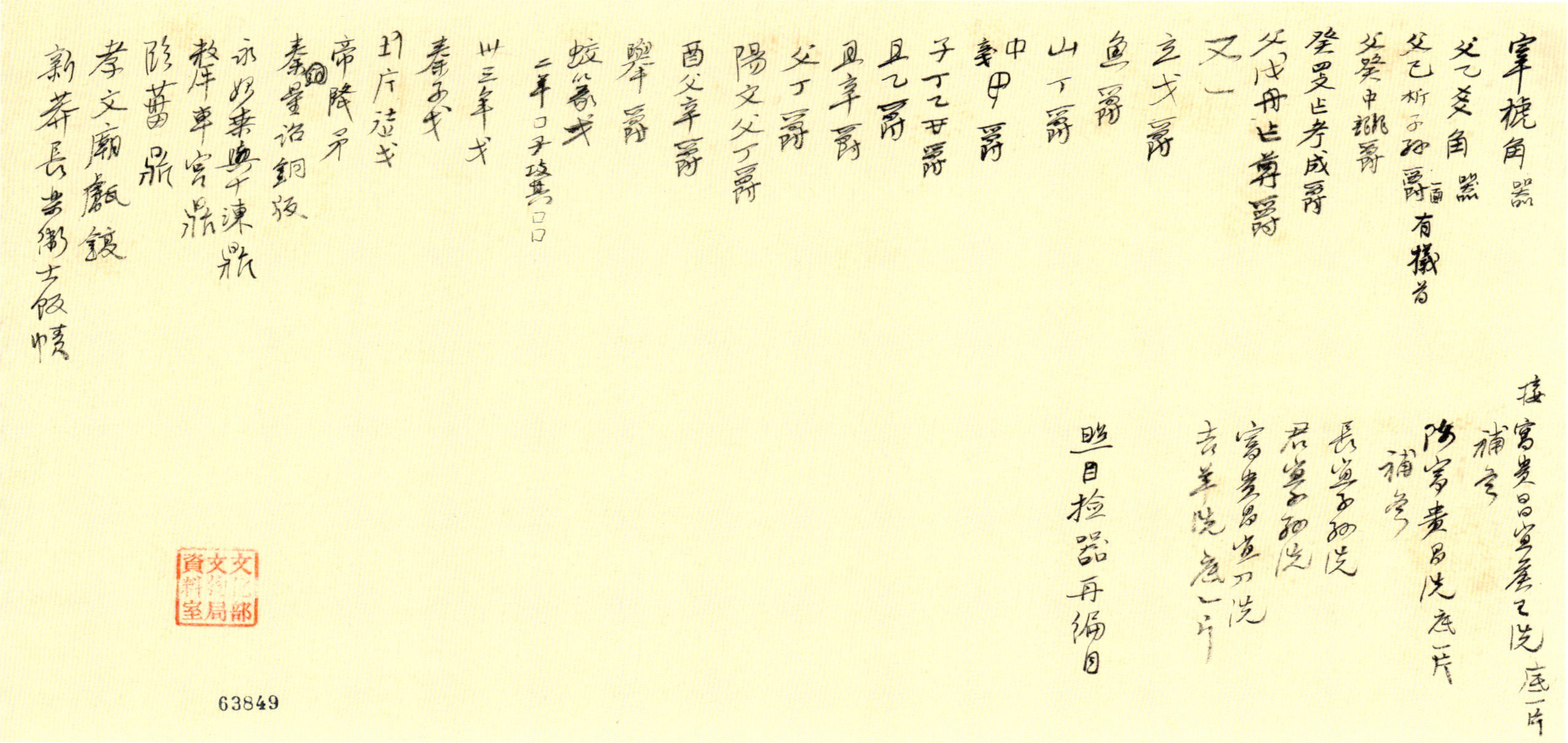

圖五 《簠齋藏吉金拓片》目録五頁

（一）商周全形拓及文字拓本

《商周彝器全形拓》收録簠齋藏商周彝器一百三十九器的全形精拓本（末附簠齋疑僞三器的全形拓），體現了簠齋藏器的核心面目。其底本主要源自院藏善本《簠齋藏吉金拓片》（登録號 00995）。筆者認爲，此部圖籍當是簠齋本人存留的藏器全形拓圖檔，非常珍貴。這一推斷有以下依據：

第一，裝幀考究精美。全套五册，書衣木框錦緞面封護，内葉以紙墩製成折葉，每器墨拓對開托裱其上。

第二，有墨筆行書於毛邊紙的器目五紙（圖五）。其中，有的器名下用雙行小字標注該器的來源、出土地、真僞意見等。有二紙的篇末還分别寫道：「照目撿器再編目。」「全圖必以粟園爲宗而更求精。」從上述信息及書寫筆迹來看，此五紙當是簠齋手書草目。

第三，五紙目録所列之器與拓本基本對應，總計有商周一百三十七器、秦一器、漢二十九器、晉一器以及簠齋疑僞三器。目録中提及一件疑北宋僞器「窑豆，疑宋崇宣器」[一]（圖六），另兩件疑僞器見於折葉背面題記。

第四，有兩册在折葉背面有墨書題記，記器名、頁碼（從二至八七），有的還注明器的來源、辨僞意見。寫有「劉」字的，是得自劉喜海舊藏，計有二十一器，其中二器題寫的鑒定意見分别是「益公鐘 疑陕僞」、「雙耳壺 字僞」（圖三、圖四）；另寫有「葉」字的，是得自葉志詵舊藏，有師寰敦、丙申角。

第五，拓本製成時間及拓工不一。有一幅在整紙上采用拓與墨描相結合工藝製成的楚公豪鐘（中者）圖，係六舟拓（鈐印「六舟手拓」）（圖七）。其傳拓工藝與審美風格與册中的兮仲鐘等拓本不同。還有一幅「頌毁」文字拓本鈐印「陳粟園手拓」（圖八），爲陳畯所拓。這兩幅當是簠齋四十二歲之前居京期間，與六舟、陳畯交往時留下的早期拓本。同治十年後，簠齋在經歷青齊亂世後，决意將所藏以傳拓方式來保存傳播，便持續延請拓工助拓，在全形拓工藝上，采用陳畯的分紙綴合拓法，而更求精。册中有一幅楚公豪鐘（中者）文字拓，便是出自簠齋之手[二]（圖九）。

據此，筆者推斷此套拓圖當是簠齋選編、具有記録和保藏性質的一部吉金全形拓圖檔。這些拓本非常珍貴且稀見，呈現了簠齋眼中吉金所具有的端莊、文雅和古樸的氣韻。

本次輯刊的簠齋全形拓《商周兵器》，有戈、戟、劍、矛等六十六器，不僅數量齊全，且每器皆拓兩面，拓工精雅（圖十）。拓本的底本主要源自院藏圖籍《簠齋藏銅器拓片》（登録號 01027）。

簠齋重視三代金文，强調精拓多拓以傳世。此次輯刊的《商周彝器文字拓》有一百九十九種金文精拓本，其中部分彝器殘片的文字拓，是《商周彝器全形拓》中所没有的。文字拓的底本亦主要源自院藏圖籍《簠齋藏銅器拓片》（登録號 01027）。

（二）秦詔量權拓本

簠齋收藏秦器，源於他對開後世小篆之始的秦相李斯遺迹的看重。簠齋最早所得秦器是道光二十三年（一八四三）獲藏的一塊出自關中的秦詔銅版，同出的另外四塊歸劉喜海。同治五年（一八六六），劉氏的四塊舊藏亦歸簠齋。他認爲銅詔版是嵌於木量的遺存，詔字爲李斯之迹。之後的八九年間，簠齋又陸續入藏了秦始皇及二世詔字的木量銅詔版、鐵權和銅量，這大大激發了他欲集秦相李斯之迹以成大觀的迫切願望。他認爲秦金石文字「雖不及鐘鼎文字，然暴秦忽焉，柔豪之法，實始於斯，不可不重也」[三]。

簠齋的秦詔文字收藏中還有一種作爲量器的陶器，即瓦量。他對秦瓦量的辨識和定名，在其《秦詔瓦量殘字》拓本册的光緒三年（一八七七）「丁丑七月十六日」長題中有詳細記載（圖十一）。他還在光緒三年七月七日將新得的「秦始皇瓦量殘字四片拓四」寄贈吴大澂[四]。此後幾年間，簠齋又陸續入藏了一些秦詔瓦量殘片，如光緒四年十月收得兩片[五]。他收藏秦詔瓦量的總數，據現存多個拓本册的對勘來看，共有三十三種。

院藏簠齋秦詔量權拓本比較齊全，現輯入《秦詔量權》中的有鐵權及權版、木量銅版、瓦量殘片等四十三器的四十六幅拓本。

（三）漢器、銅鏡及泉布泉範拓本

簠齋收藏的漢器主要有鼎、甗鍑、鐙、洗等，兵器主要是弩鐖，還有作爲車飾的青銅構件等。簠齋認爲「漢器之銘無文章，記年月、尺寸、斤兩、地名、器名、官名、工名而已」。從文獻價值來看，漢器並不是簠齋關注的重點，但他仍能發現一些製器新奇或有代表性的器物，並結合典籍進行考證闡釋，如《漢鐙考記》[六]。同治十一年九月二日簠齋致吴雲札之附箋云：「余新得綏和鴈足鐙，因集所藏所見之鐙爲考説，並刻所藏漢器精者爲圖説之。」[七]此次輯入《漢器》的五十三幅拓本，其底本主要源於院藏《簠齋藏吉金拓片》（登録號 00995）和《陳簠齋吉金文字》（登録號 440238）。

[一] 此器全形拓背面題「崇豆」。
[二]「楚公豪鐘（中者）」拓本有鈐印「陳壽卿手拓吉金文字」、「陳氏吉金」、「陳介祺所得三代兩漢吉金記」。
[三] 簠齋同治十三年四月八日致吴雲札，《秦前文字之語》第二五三頁。
[四] 簠齋光緒三年七月七日致吴大澂札，《秦前文字之語》第三〇六頁。
[五] 見簠齋光緒四年十月九日致吴大澂札：「唯又同得秦瓦量詔字殘片二爲快。」《秦前文字之語》，第三二一頁。
[六] 見《陳介祺手稿集》第二册中的「漢器金文考釋」部分，第五六五頁。
[七]《秦前文字之語》，第二二四頁。

圖六　簠齋疑僞器宝豆全形拓、背面題記、目録所列條目

圖七　西周晚期楚公豪鐘（中者）全形拓及「六舟手拓」印

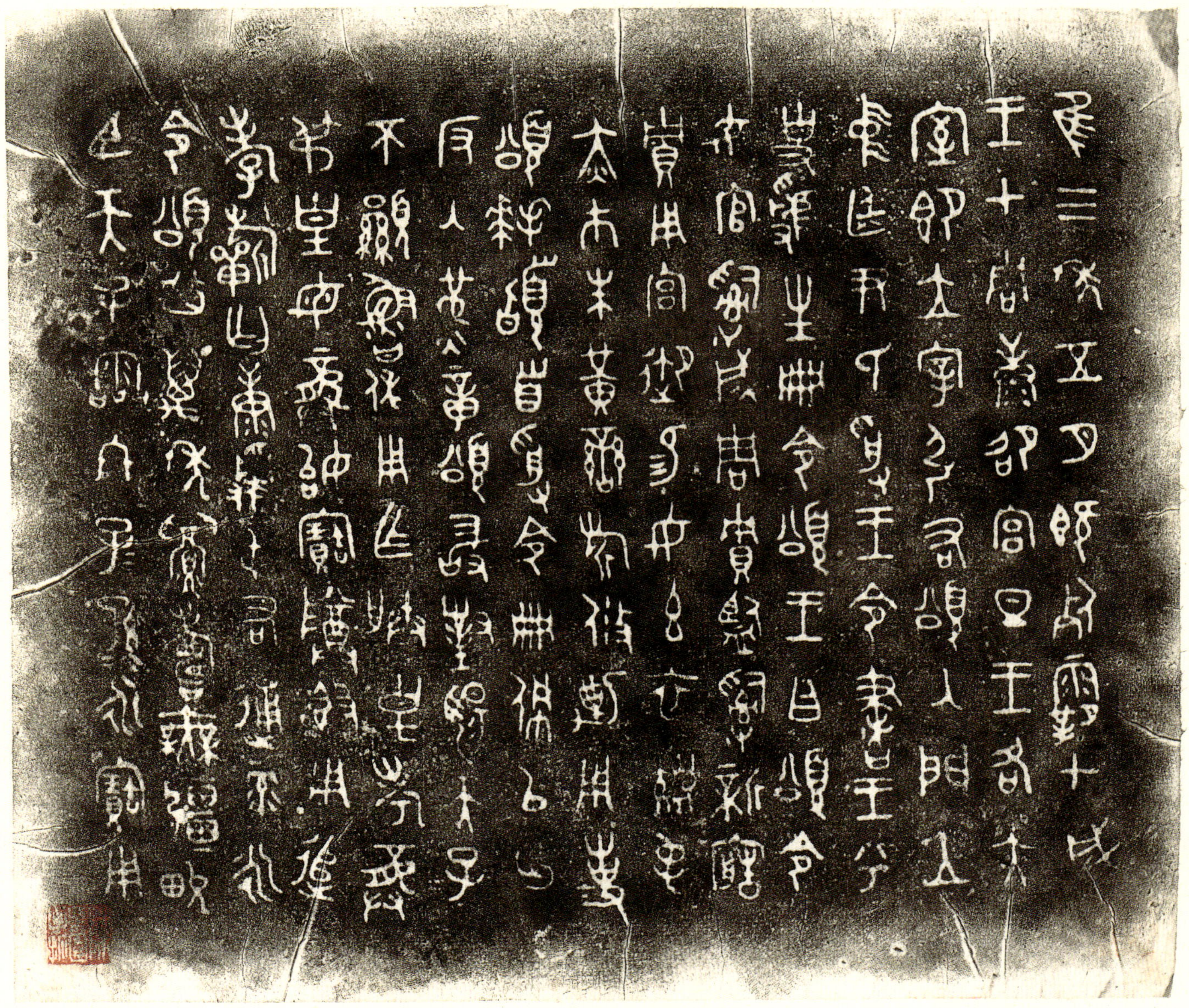

圖八　西周晚期頌簋全形拓及「陳粟園手拓」印

圖九　西周晚期楚公豪鐘（中者）文字拓及簠齋鈐印

圖十　春秋早期梁伯戈拓本

余嘗得秦始皇詔刻字殘瓦一疑為宮瓦今又得殘瓦四
其三器口宛然定為瓦量古瓦器皆計所容以準度量
此詔施於瓦器非量而何字在器頸二字一行當二十行四瓦
俱同而非一器頸圓故鑄二行四字銅印陶成加印于泥然後
入火土金木之生氣以鍊至竭則不散故塼瓦之堅者字每
如新秦兼文字又十五年即以斯書為秦篆之祖傳世至
少余卅年來大集秦金每於泰山瑯邪訪秦石數字而不得
以秦瓦當數百自慰不意今竟獲瓦詔字與石同不在泰
山瑯邪之刻下秦之文字亦於斯為盛矣復索殘刻字詔
瓦其上亦似器口三字一行當十四行末行一字字大于四瓦似
書于器上刻者尤見筆法乃法以瓦形校之皆可得器之圓
徑大小然也　光緒丁丑七月十六日己巳海濱病史記

圖十一　秦詔瓦量殘片拓本及題記

圖十二　漢代日光草葉鏡拓本

銅鏡是簠齋收藏的品類之一，曾自名「二百竟齋」。據陳進先生家藏本《鏡拓全目》所記銅鏡有二百枚。此次輯入《銅鏡》的拓本有一百六十九種，主要是兩漢時期遺存（圖十二）。

簠齋因重視古文字而延伸到對古泉的關注，對於古泉重研究而少收藏。他在同治十三年七月十一日、十月十三日致鮑康札云：「弟不收泉而言泉，蓋推三代文字及之，他則仍不求甚解也。」[一]「古化究下古器一等，以非成章之文，且有出工賈之手者，然猶是秦燔前古文字真面目，故不能不重，精刻傳之。」[二]他對古泉的研究體現在對老友李佐賢《古泉匯》的批校上，亦散見在與鮑康的通函中。他很關注當時各家所藏，甚至期望合諸家古貨集拓精刻公世[三]。本次輯入《泉布泉範》的拓本，是簠齋所藏的新莽十布六泉，其中六泉一套、十布兩套。這與光緒二年（一八七六）五月廿五日簠齋致吴大澂札中所記基本吻合，「敝藏六泉全一而有未精，十布全者二而有餘」[四]。

關於簠齋藏範，民國七年（一九一八）鄧實《簠齋吉金録》中影印了鄒壽祺藏銅範拓本六十七幅、鐵範一幅。鄒壽祺題記云：「簠齋藏貨範千餘，嘗以名居曰『千貨範室』。余所見有二十餘册，皆土範也。此銅範六十七紙、鐵範一紙，傳拓極少。庚戌立夏日杭州鄒壽祺得于中江李氏。」此次輯入《泉布泉範》的是銅範拓本，有四十九幅（圖十三）。

（四）瓦當、古磚及古陶文拓本

簠齋經年所藏秦漢瓦當的數量，據陳氏家藏《瓦拓全目》（陳進藏）有九百二十四種，其中殘瓦頗多。院藏圖籍《秦漢瓦當拓本》（登録號 420727）中有瓦當拓片五百九十五種，本次從中選擇拓瓦相對比較完整，其刻字或紋樣亦較有特點的輯入《瓦當》拓本中（圖十四）。

簠齋藏磚的數量，從陳氏家藏《專拓全目》（陳進藏）看，有秦漢至南北朝古磚三百二十三種。院藏圖籍《陳簠齋藏磚》（登録號 440249）中有磚拓四十種，輯入《古磚》拓本中（圖十五）。

簠齋在光緒年間首先發現了古陶文，並收藏了大量齊魯一帶的陶文殘片。他於光緒四年（一八七八）二月十七日致吴雲札時，寄贈了所拓三代古陶文字全份二千餘種。同年四月四日簠齋致吴大澂札云：「古匋拓已將及三千，如有欲助以傳者，乞留意。」光緒六年簠齋作對聯稱所積藏的齊魯陶文有四千種，至光緒九年（一八八三），題云「陶文今將及五千」。簠齋是發現、積藏和研究陶文的第一人，他曾感慨：「三代古匋文字，不意於祺發之，三代有文字完瓦器，不意至祺獲之，殆祺好古之誠有以格今契古而天實爲之耶。」[五]對於古陶文字，簠齋總結道：「古匋文字不外地名、官名、器名、作者、用者姓名與其事其數。」[六]此次所輯《古陶文》中有三千七百五十二種拓片，底本源自院藏圖籍《三代古陶文拓片輯存》（登録號 01469）（圖十六）。

四、結語

金石器作爲一種文化遺存，在清代中晚期得到阮元、張廷濟、劉喜海等文人仕宦收藏家的高度重視，而晚清陳介祺的藏器品種之富之精最爲時人稱賞。更難能可貴的是，他傾心致力於金石器的考釋、研究和傳承，發展了記録保存金石器圖文信息的傳拓工藝，留下了盡可能多的、精工雅致的金石文字拓本和吉金全形拓本。簠齋求真求精的傳古觀念，以及爲文存真影、爲器傳神形的傳古實踐，極大地豐富了傳統金石學的内涵，尤其是他的全形拓將青銅彝器的圖像表現力推向了兼具器之真形與藝術審美的新高度。

筆者有幸有緣得以親近先賢簠齋的手稿、墨拓等諸多遺存，深感其治學的嚴謹，與同好交流的坦誠，對「真」、「精」傳古觀念的秉持不怠，以及傳拓實踐上的創新和行動力。如今歷經數年的整理、研究和編纂，繼二〇二三年《陳介祺手稿集》刊佈之後，由院藏拓本纂輯而成的《陳介祺拓本集》（十種），亦將陸續公之於世。在此，首先要感謝中國文化遺産研究院各級領導將「院藏陳介祺金石學資料整理研究」納入二〇一七—二〇一九年的院科研課題（編號 2017-JBKY-13），感謝吴家安、喬梁、陸明君、曾君、劉紹剛等專家學者在課題立項或結項時給予的幫助和指導。在課題研究及後續準備出版的過程中，筆者時常請教簠齋七世孫陳進先生，陳先生退休後始致力於簠齋相關資料的搜集、整理和研究，他總是熱情接待並加以指導，還提供了家藏毛公鼎初拓本、簠齋藏器目等珍貴資料；王澤文先生對商周吉金銘文進行了審訂；這期間還得到鄭子良、黨志剛、沈大娟、張洪雷、王允麗、葛勵、苑園、曹雨芊、宫垚、李賀仙、魏宏君等友人的協助，在此表示衷心感謝！當然，本書的最終面世還要感謝中華書局領導的支持，以及責任編輯許旭虹和吴麒麟、美術編輯許麗娟的精誠合作！書中有不妥之處，敬請方家指正。

中國文化遺産研究院　赫俊紅

二〇二四年四月十五日　初稿

二〇二四年九月二十日　定稿

[一]《秦前文字之語》，第一九四至一九五頁。

[二]《秦前文字之語》，第二〇〇頁。

[三]簠齋光緒元年七月廿六日致鮑康札，《秦前文字之語》，第二〇六頁。

[四]《秦前文字之語》，第三〇〇頁。

[五]簠齋光緒三年八月廿四日致吴大澂札，《秦前文字之語》，第三一〇頁。

[六]簠齋光緒四年二月廿七日致吴大澂札，《秦前文字之語》，第三一七頁。

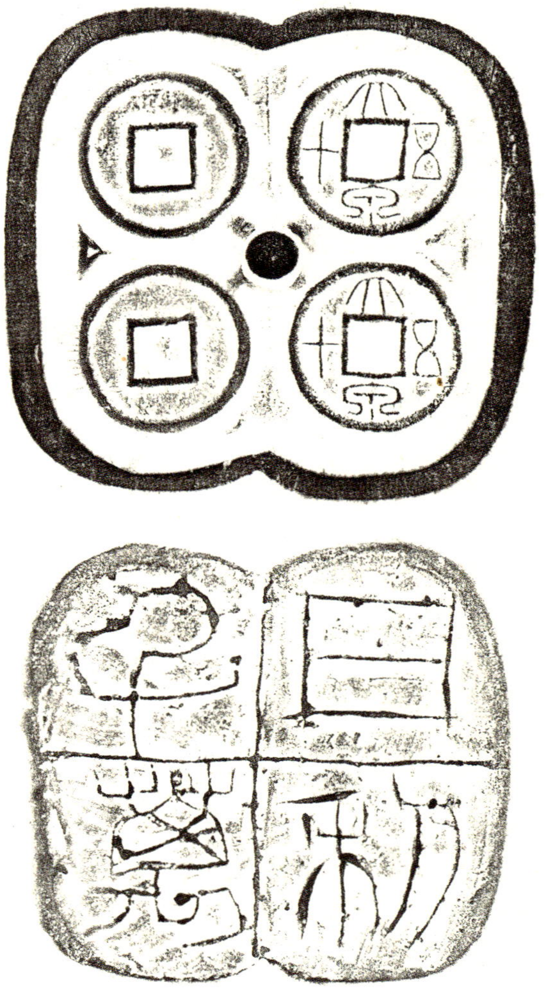

圖十三　新莽時期大泉五十銅範正背面拓本

圖十四　秦瓦當拓本

圖十五　南朝宋大明五年磚拓本

圖十六　古陶文拓本

目録

編例

一、本書收録清陳介祺曾藏漢代銅器五十三器拓本，一部分爲器物的文字拓本，一部分有器物的全形拓。另有三國魏時期弩鐖二器、西晉太康時期樽一器的拓本亦隨録本書。

二、各拓本圖版來自中國文化遺産研究院藏圖籍《簠齋藏吉金拓片》（登録號 00995）、《陳簠齋吉金文字》（登録號 440238）。前者共五册，每册爲摺葉對開精裝；後者共八册，每册爲綫裝。爲區分册中各器拓本，在各器名稱之後附加一個編號（登録號.册次號.器次號），如陽朔二年上林鼎 00995.4.01、大吉羊雙魚洗 440238.6.07。

三、對拓本的辨識和題名主要參照陳繼揆整理的《簠齋金文題識》和孫慰祖、徐谷富編著的《秦漢金文彙編》。

四、本書編録内容分圖版和文字著録。文字著録信息包括基本信息、釋文、院藏信息、附録。其中，基本信息有器名（附圖版拓本編號）、時代、全形拓最大縱横尺寸、銘文字數、《秦漢金文彙編》著録編號；附録輯録簠齋對拓器的認知。

五、本書目次編排上，先依器分鼎、甗鍑、鐙、洗、鍪、飯幘、鍾、權、樽、弩鐖、車銅十一類，以及暫無法歸類的其他銅器。各類中先依時間先後，再依銘文字數的降序排次。

六、銘文漫漶缺損處的補字，置於□中；銘文因漫漶缺損而無法識别的字，用□表示；少量尚難辨識的字則保留原形或摹寫。

七、參閲書目：

孫慰祖、徐谷富編著：《秦漢金文彙編》，上海書店出版社，一九九七年。書中簡稱《秦漢》。

（清）陳介祺著、陳繼揆整理：《簠齋金文題識》，文物出版社，二〇〇五年。

（清）陳介祺著、赫俊紅整理：《陳介祺手稿集》，中華書局，二〇二三年。

鼎

陽朔二年上林鼎／永始三年乘輿十湅鼎／杜鼎蓋／陽周倉金鼎／第七平陽共鼎／安成家鼎蓋／犛車宫鼎／廢丘鼎蓋／臨菑鼎

一

陽朔二年上林鼎 00995.4.01

西漢陽朔二年（前二三）
全形拓最大縱橫20.1×22.3釐米
銘文字數：三十五（蓋七、器二十八）
《秦漢》著録編號：六三

蓋釋文

上林第二百六十

器釋文

上林銅鼎，容一斗，重九斤十兩，陽朔二年三月工錯駿造，七百合第四百。

院藏信息

全形拓，登録號00995.4.01，一開
文字拓，登録號440238.5.03，一頁

附録

上林鼎
陽朔二年，西漢成帝十年戊戌。上林，上林苑。《史記·始皇紀》乃營作朝宫渭南上林苑中。《漢舊儀》其中離宫七十所。器廿八字，曰十百第四百，一千之四百也。蓋七字，曰二百六十，非一而合也。
參見《簠齋金文題識》頁一〇六

二 永始三年乘輿十湅鼎

00995.5.25

西漢永始三年（前一四）

全形拓最大縱横23.6×28.8釐米

銘文字數：四十八（重文一）；另有細文「酉」字二，「貝」字一

《秦漢》著録編號：六六

釋文

乘輿十湅銅鼎，容二斗并重十八斤。永始三年考工工蒲造，佐臣立，守嗇夫臣彭，掾臣開主，守右丞臣光，令臣禁省，第二百八十。

院藏信息

全形拓，登録號00995.5.25，一開

文字拓，登録號440238.5.02，一頁

附録

乘輿十湅銅鼎

永始三年，成帝十九年丁未所作。細文貝字一，酉字二，共五十二字。此漢至佳之器。

參見《簠齋金文題識》頁一〇六至一〇七

三

杜鼎蓋 00995.4.04

漢

全形拓最大縱横6.5×17.4釐米

銘文字數：二十二

《秦漢》著録編號：一四三

釋文

杜共第百五十五鼎蓋，重二斤，名曰百五十五。

宜共二斤。

院藏信息

全形拓，登録號00995.4.04，一開

文字拓，登録號440238.5.06，一頁

附録

杜共鼎蓋

杜即杜陵縣。宜，宜陽縣。先杜而後宜與？名曰百五十五，亦多矣。二十二字。杜，杜陵，宣帝陵。

參見《簠齋金文題識》頁一〇六

四

陽周倉金鼎 00995.4.02

漢

全形拓最大縱橫22.5×28.3釐米

銘文字數：十九

《秦漢》著録編號：一三八

釋文

陽周
倉金
鼎，重
十四斤
十三兩，
容二斗
一升半
升。

院藏信息

全形拓，登録號00995.4.02，一開

文字拓，登録號440238.5.07，一頁

附録

陽周倉金鼎

陽周侯劉賜，淮南厲王子，文帝八年封，此其量鼎。十九字。

參見《簠齋金文題識》頁一〇八

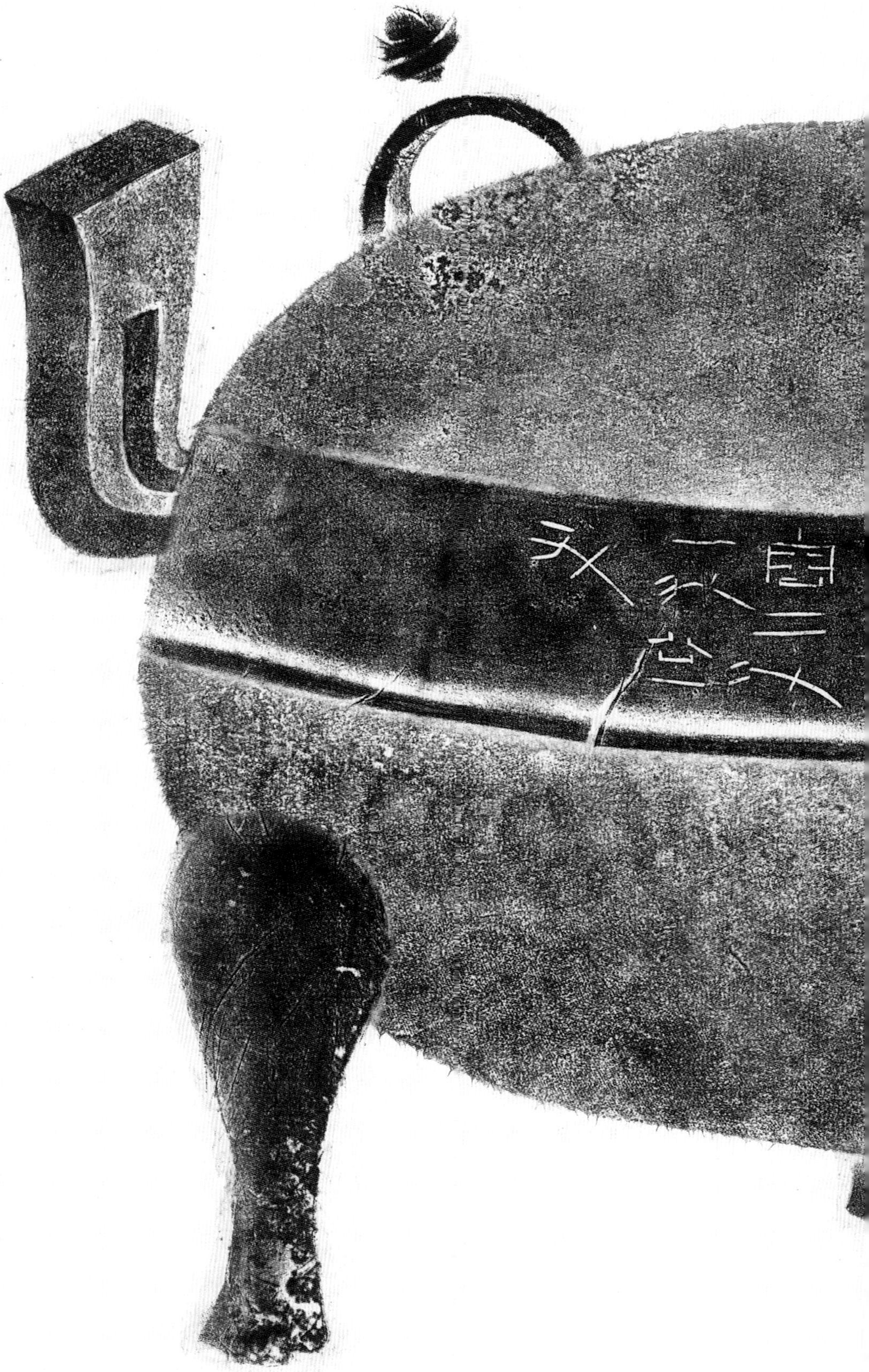

五

第七平陽共鼎 00995.4.03

漢

全形拓最大縱橫24×25.5釐米

銘文字數：十八

《秦漢》著録編號：一三三

釋文

第七平陽共鼎，一合容二斗并重十三斤二兩。

院藏信息

全形拓，登録號00995.4.03，一開

文字拓，登録號440238.5.05，一頁

漢十年陽泉鼎一合容二斗并重十三斤二兩

六

安成家鼎蓋 00995.4.05

漢

全形拓最大縱横7×17.5釐米

銘文字數：十六

《秦漢》著録編號：一三六

釋文

安成家銅鼎，容一斗，蓋重十五斤，第十六。

院藏信息

全形拓，登録號00995.4.05，一開

文字拓，登録號440238.5.10，一頁

附録

安成家銅鼎

家，侯家，安成侯劉蒼。器十九字，第十五至第十六，或所容同。蓋十六字，不曰十五。器後十年得。

參見《簠齋金文題識》頁一〇八

七

犛車宮鼎

00995.5.26

漢

全形拓最大縱横16.5×21釐米

銘文字數：十四

《秦漢》著録編號：一一三

釋文

犛車

宮鼎，

容一斗，

重八斤八兩，

名衣。

院藏信息

全形拓，登録號00995.5.26，一開

文字拓，登録號440238.5.04，一頁

附録

犛車宮鼎

十四字。

宮名未詳。車宮見《周禮·掌舍》。犛即《漢志》右扶風犛縣。《周禮·樂師》注：旄，氂牛之尾。余藏封泥有𦍩丞，是从毛，而誤出此キ似牛與？《釋文》或作犛，合。名衣，衣或鼎名，如甲西文與？

參見《簠齋金文題識》頁一〇五

八

廢丘鼎蓋

00995.4.06

漢

全形拓最大縱橫9.7×19.7釐米

銘文字數：十二

《秦漢》著録編號：一〇八

釋文

廢丘，

一斗少半

斗，重

三斤，

甲四。

院藏信息

全形拓，登録號00995.4.06，一開

文字拓，登録號440238.5.09，一頁

附録

廢邱鼎蓋

項籍以章邯爲雍王，都廢邱，高祖三年，更名槐里，此或是章邯器。十二字。

參見《簠齋金文題識》頁一〇七

九

臨菑鼎

00995.5.27

漢

全形拓最大縱横20.6×23.9釐米

銘文字數：十

《秦漢》著録編號：九四

釋文

臨菑，斗五升，十一斤十兩。

院藏信息

全形拓，登録號00995.5.27，一開

文字拓，登録號440238.5.08，一頁

附録

臨菑鼎

項羽封田都臨菑王，此或其器。九字。

山左土物。

參見《簠齋金文題識》頁一〇七

甗鍑

孝文廟甗鍑、漁孝廟甑

一〇

孝文廟甗鍑、漁孝廟甑

00995.5.28

西漢
甑鍑全形拓最大縱横分别爲11.3×14.7釐米、10.7×15釐米
銘文字數：十九（甑三、鍑十六）
《秦漢》著録編號：一五一

甑釋文

漁孝廟

鍑釋文

孝廟

漁陽郡

孝文廟銅甗鍑，

重四斤七兩。

院藏信息

全形拓，登録號00995.5.28，一開
文字拓，登録號440238.5.12，一頁

附録

漁陽郡孝文廟銅甗鍑

鍑十六字，甑三字，鼎失。

景帝末收漁陽郡時所造也。《史記·文本紀》，景帝元年十月詔御史爲文帝廟昭德舞，丞相嘉等請郡國諸侯各爲文帝立太宗之廟，此漁陽郡所以有孝文廟也。同治己巳得泰山前出土漢鼎，内深如盂，外有輪，尚存一甑，始知此二器爲甗鼎之用，鍑以受米，甑鼎重湯烝之，唯甑名未定。

參見《簠齋金文題識》頁一〇九

漁孝廟䰝

即甑，《説文》甗、甑互訓。

制如圜合，平底，中出輪，上有口，輪合鼎口，口容鍑足。余見泰山下出全器，始知之。文三字。

參見《簠齋金文題識》頁一〇九至一一〇

另，簠齋漢器金文考釋手稿中有《西漢漁陽郡孝文廟銅甗鍑二器考釋》（底稿）、《西漢漁陽郡孝文廟銅甗鍑并甑》（民國輯抄册），載《陳介祺手稿集》第二册第六二二、六四六頁。

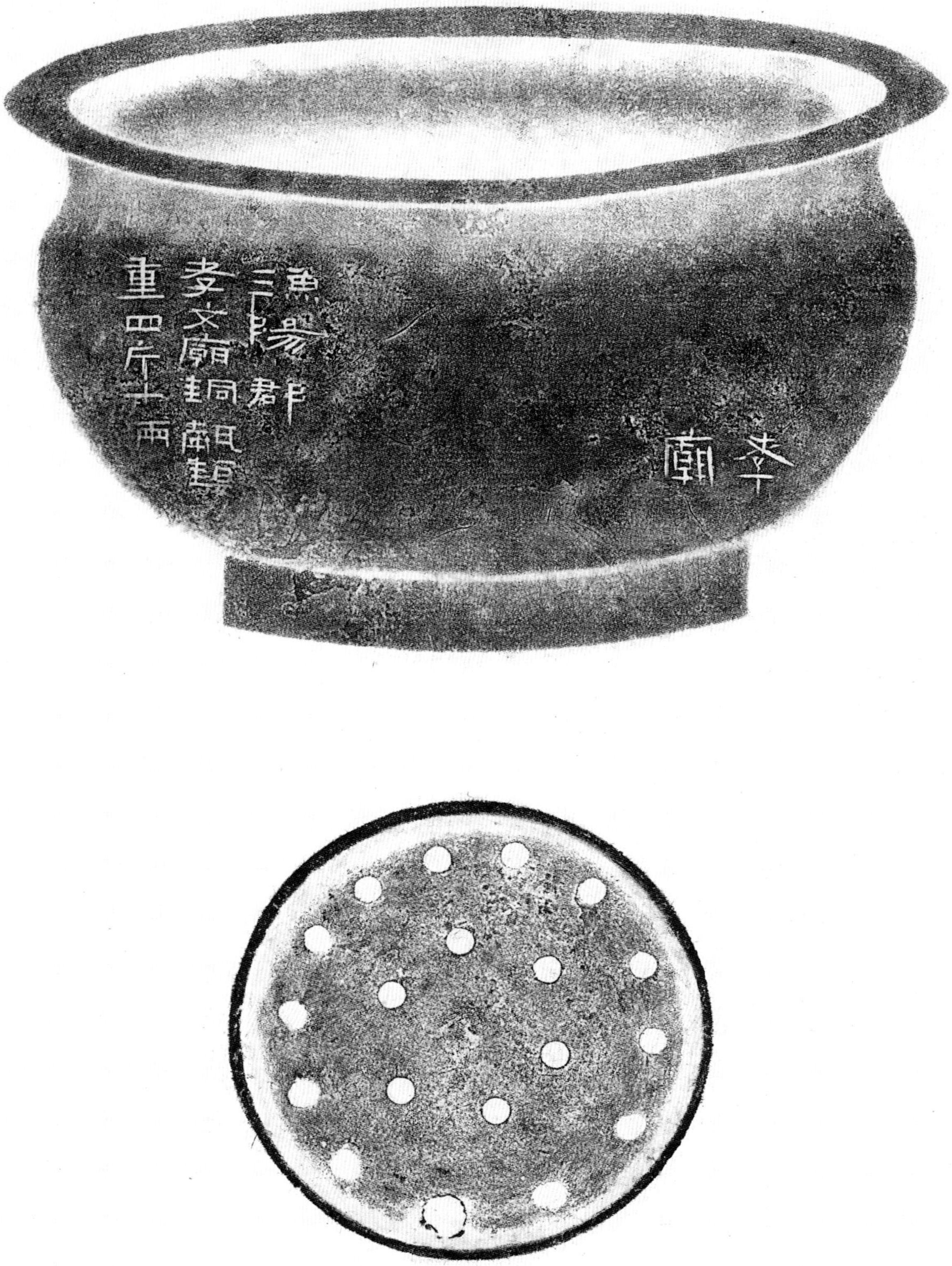
漁陽郡
孝文廟銅甗鍑
重四斤十二兩
孝廟

鐙

池陽宮行鐙／萬歲宮鐙／臨虞鐙之一／臨虞鐙之二／桂宮行鐙／開封行鐙／土軍侯燭豆／步高宮鐙／日上鐙盤

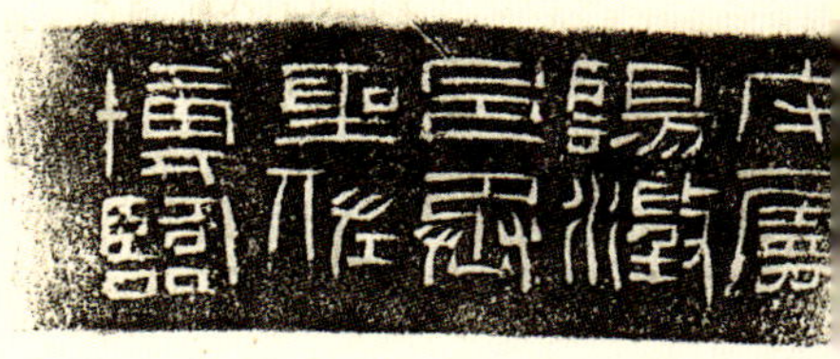

二 池陽宮行鐙

00995.4.35

西漢甘露四年（前五〇）

全形拓最大縱橫8.6×23.7釐米

銘文字數：二十九（又前右足下一「莊」字）

釋文

池陽宮銅行鐙，重二斤六兩，甘露四年，工虞德造，守屬陽澂邑丞聖佐博臨。

院藏信息

全形拓，登録號00995.4.35，一開

附録

池陽宮行鐙

三十字。

宮在池陽南上原之阪，宣帝二十四年辛未作。劉燕庭有詩，張石匏、鮑子年和之，皆未見足下「莊」字。

宣帝二十四辛未所作也。東武劉燕庭方伯得之青門，刻入《長安獲古編》，長歌紀之，曰二十有九言，未及足下「莊」字。余作圖時，次子厚滋始辨得之，因賦句坿張石匏、鮑子年和詩後：足下鑿文諦曰莊，勒名取義兩難詳。當年原文猶疏略，一字縑留此日償。

參見《簠齋金文題識》頁一一七

文曰「池陽宮銅行鐙，重二斤六兩，甘露四年工虞德造，守屬陽澂邑丞聖佐博臨」，篆書二十九字，十四行，行二字，五行三字。又前右足下一「莊」字，共三十。

參見《漢鐙考記》（底稿），載《陳介祺手稿集》第二册第五九七頁

二二

萬歲宮鐙 00995.4.10

西漢元延四年（前九）
全形拓最大縱橫50.5×20.3釐米
銘文字數：三十一
《秦漢》著録編號：三四三

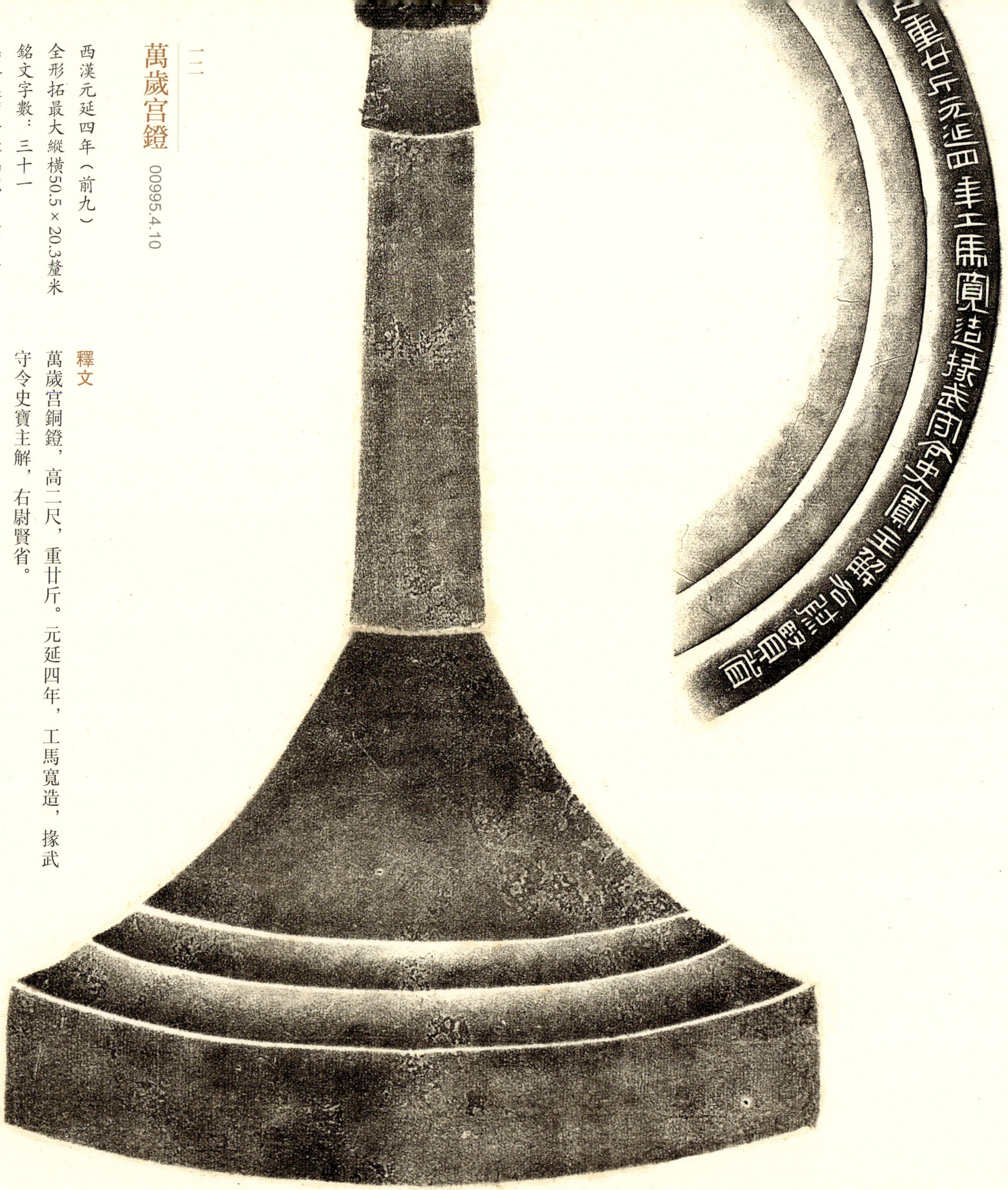

釋文

萬歲宮銅鐙，高二尺，重廿斤。元延四年，工馬寬造，掾武守令史寶主解，右尉賢省。

院藏信息

全形拓，登録號00995.4.10，一開
文字拓，登録號440238.5.17，一頁

附録

萬歲宮鐙
三十一字。
《三輔黄圖》汾陰萬歲宮，武帝造。《宣帝紀》：元康四年幸萬歲宮。元延四年，成帝廿四年壬子。
參見《簠齋金文題識》頁一一四

文曰「萬歲宮銅鐙，高二尺，重廿斤，元延四年工馬寬造，掾武守令史寶主解，右尉賢省」，隸書三十一，在足。
參見《漢鐙考記》（底稿），載《陳介祺手稿集》第二册第五九六頁

臨虞鐙之一 00995.4.08

西漢元延四年（前九）
全形拓最大縱横49.6×19.7釐米
銘文字數：三十
《秦漢》著録編號：三四一

釋文

臨虞宫銅鐙，高二尺，重廿斤，元延四年，工常宣造，掾武令史寶主解，右尉賢省。

院藏信息

全形拓，登録號00995.4.08，一開
文字拓，登録號440238.5.16，一頁

附録

臨虞宫鐙
三十字。
西漢成帝。
與萬歲宫鐙同，有二，燕庭劉氏獲一。
參見《簠齋金文題識》頁一一四

文曰：「臨虞宫銅鐙，高二尺，重廿斤，元延四年工常宣造，掾武令史寶主解，右尉賢省」，隸書三十，在足。如祭器豆登之制，高而無柄，鐙制之最古者也。
參見《漢鐙考記》（清抄定稿），載《陳介祺手稿集》第二册第六一七頁

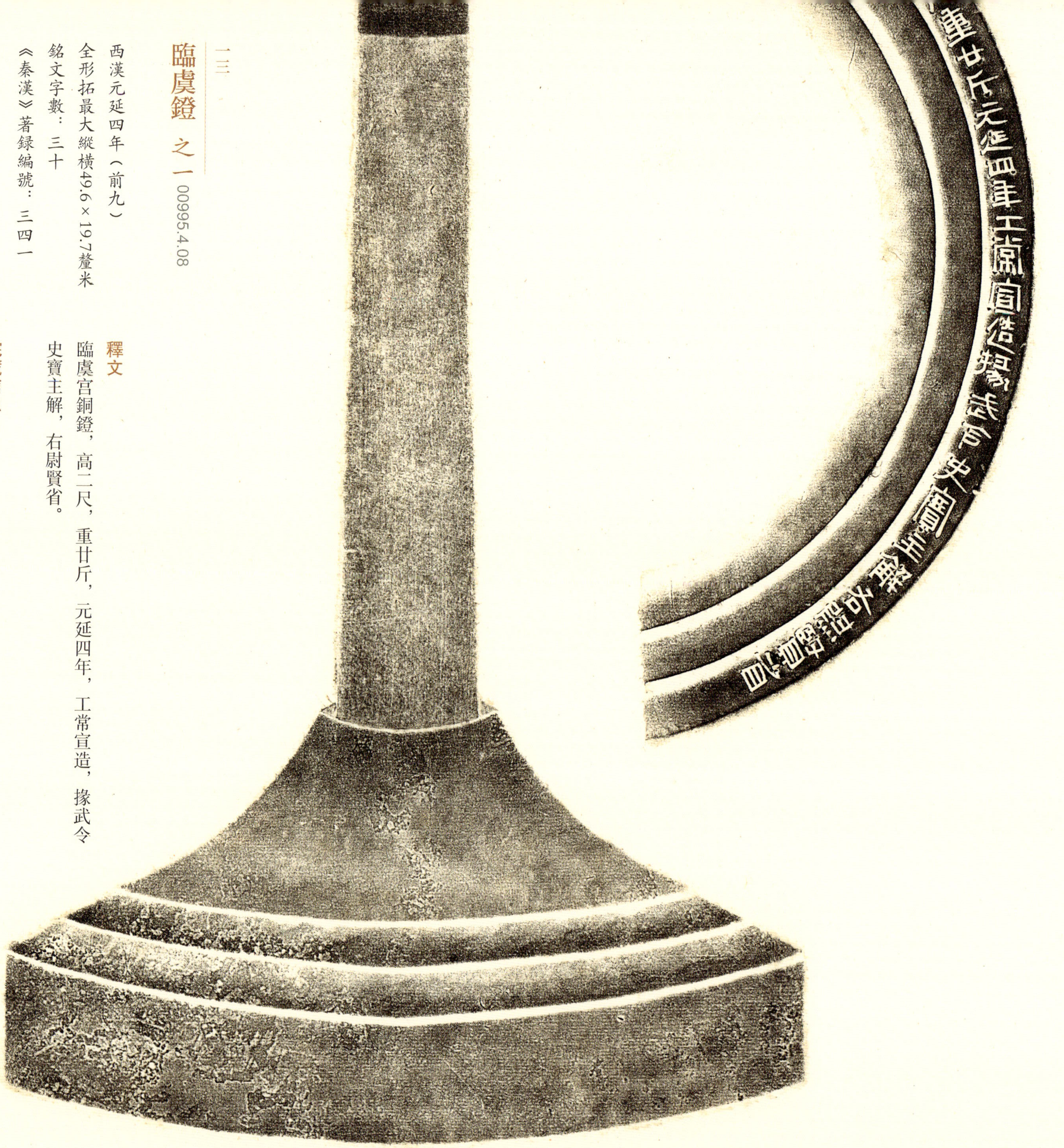

臨虞鐙 之二 00995.4.09

西漢元延四年（前九）
全形拓最大縱橫50.7×19.6釐米
銘文字數：三十六
《秦漢》著録編號：三四二

釋文

臨虞宮銅鐙，高二尺，重十六斤四兩，元延四年正月，工張博造，掾武守令史寶主解，右尉賢省。

院藏信息

全形拓，登録號00995.4.09，一開

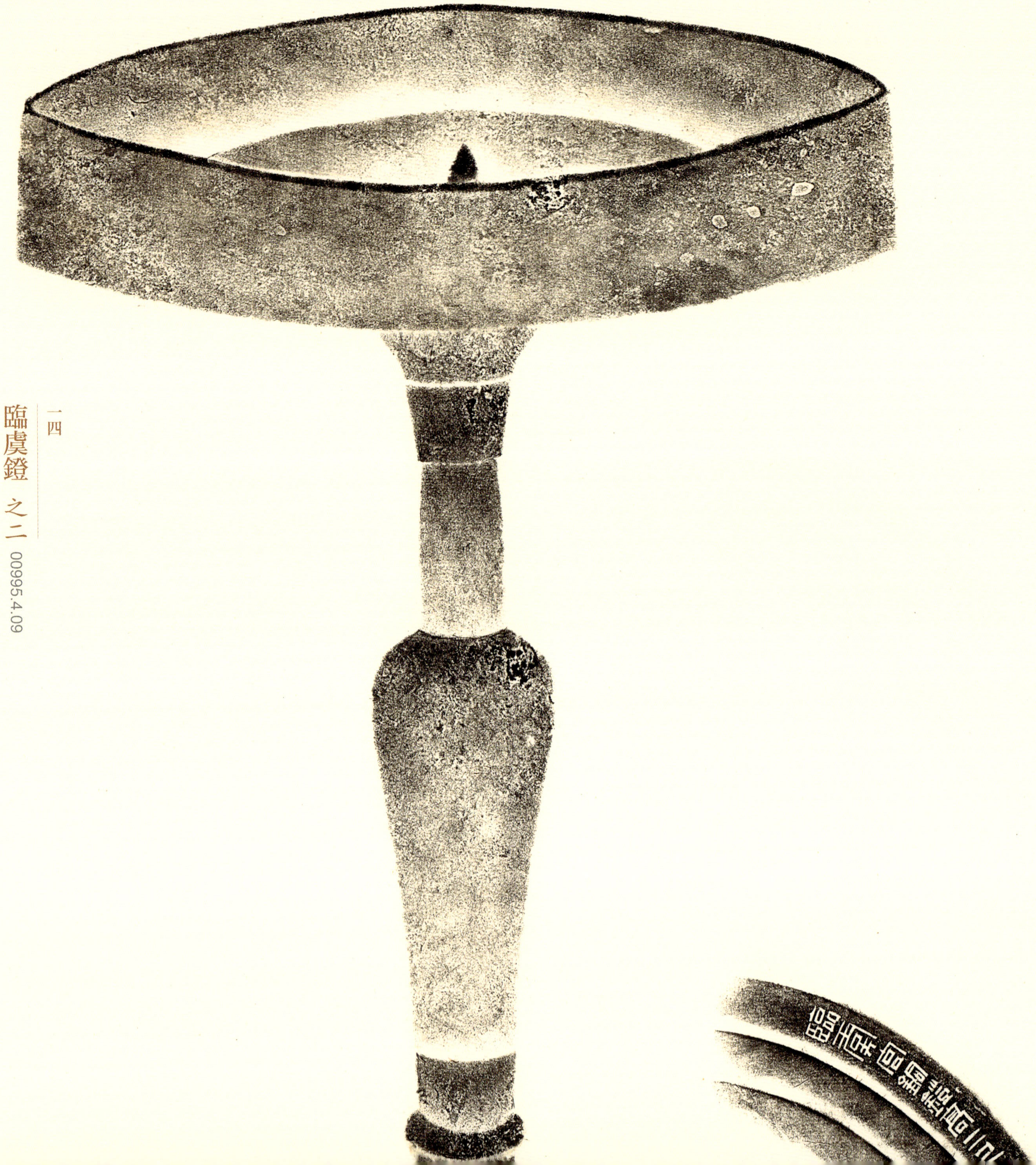

一五

桂宮行鐙 00995.4.12

西漢

全形拓最大縱横10.2×20.4釐米

銘文字數：十七（柄三、鐙身十四）

《秦漢》著録編號：三五二

釋文

前浴一

桂宮

内者重二斤四兩，二年少府造。

院藏信息

全形拓，登録號00995.4.12，一開

文字拓，登録號440238.5.14，一頁

附録

桂宮前浴行鐙

十六字。

《三輔黄圖》云：桂宮，武帝太初四年起。此曰二年而無紀元，必不能删去不用，則宫是武帝前作。又《史記》本紀、《漢書·地理志》、《前漢紀》俱不載作桂宮事，唯《前漢紀》云太初四年起明光宫，不能一時並起二宫，或明光誤作桂與？簠齋辛丑所得。

桂宮，漢武帝造，在未央宮北，漸台西。

參見《簠齋金文題識》頁一一六至一一七

文曰「桂宮」，篆書二，平列左足前；「内者重二斤四兩，二年少府造」，篆書十二，欵列後足右；「前浴一」，隸書三，在柄上。共十七。

參見《漢鐙考記》（底稿），載《陳介祺手稿集》第二册第五九六頁

另，簠齋漢器金文考釋手稿中有《漢桂宮鐙考釋》，見《簠齋金文考》頁一五至一六。

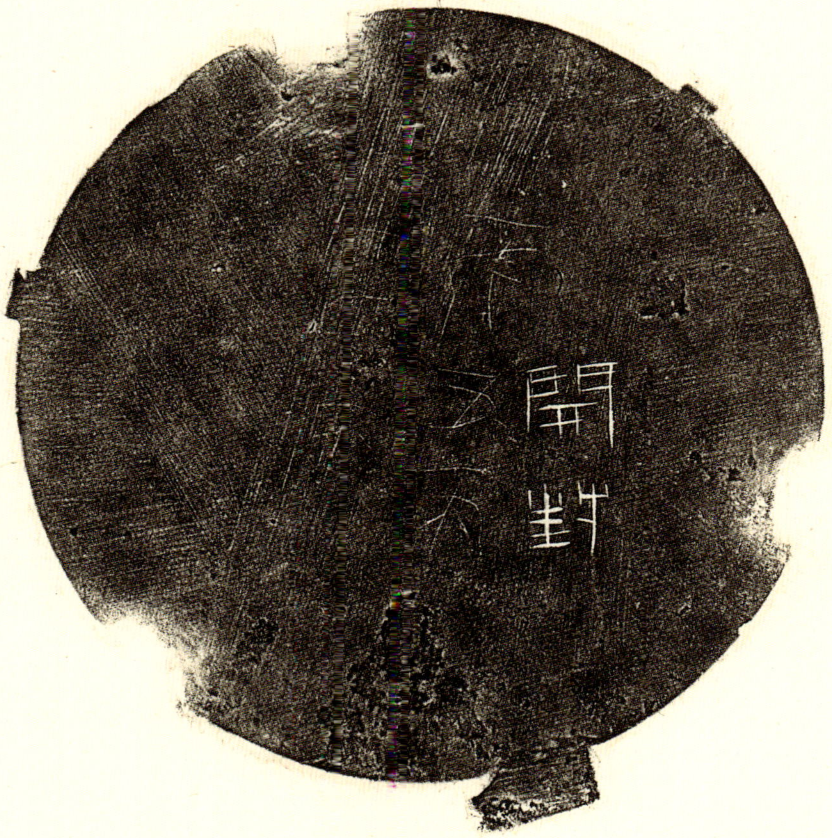

一六

開封行鐙 00995.3.20

西漢

全形拓最大縱橫6.5×17.4釐米

銘文字數：十一（此僅有二字拓本）

《秦漢》著録編號：三六八

釋文

開封

院藏信息

全形拓，登録號00995.3.20，一開

附録

開封行鐙

開封，開封侯也。《功臣表》：開封侯陶舍，高祖十一年十二月丙辰封，元狩五年免。《宣帝紀》：元康元年復。功臣侯家皆西漢事，則此是西漢物矣。又有淺畫字，漢器多有之。

參見《簠齋金文題識》頁一一八

文曰「開封」，鑿款。又曰「一斤五兩十二年」，字細於髮，又磨損，僅可辨，共篆書九。（編者注：「共篆書九」在民國輯抄册《漢鐙考記》中作「共篆書十一」）

參見《漢鐙考記》（底稿）、《漢鐙考記》（民國輯抄册），載《陳介祺手稿集》第二册第五九七、六五九頁

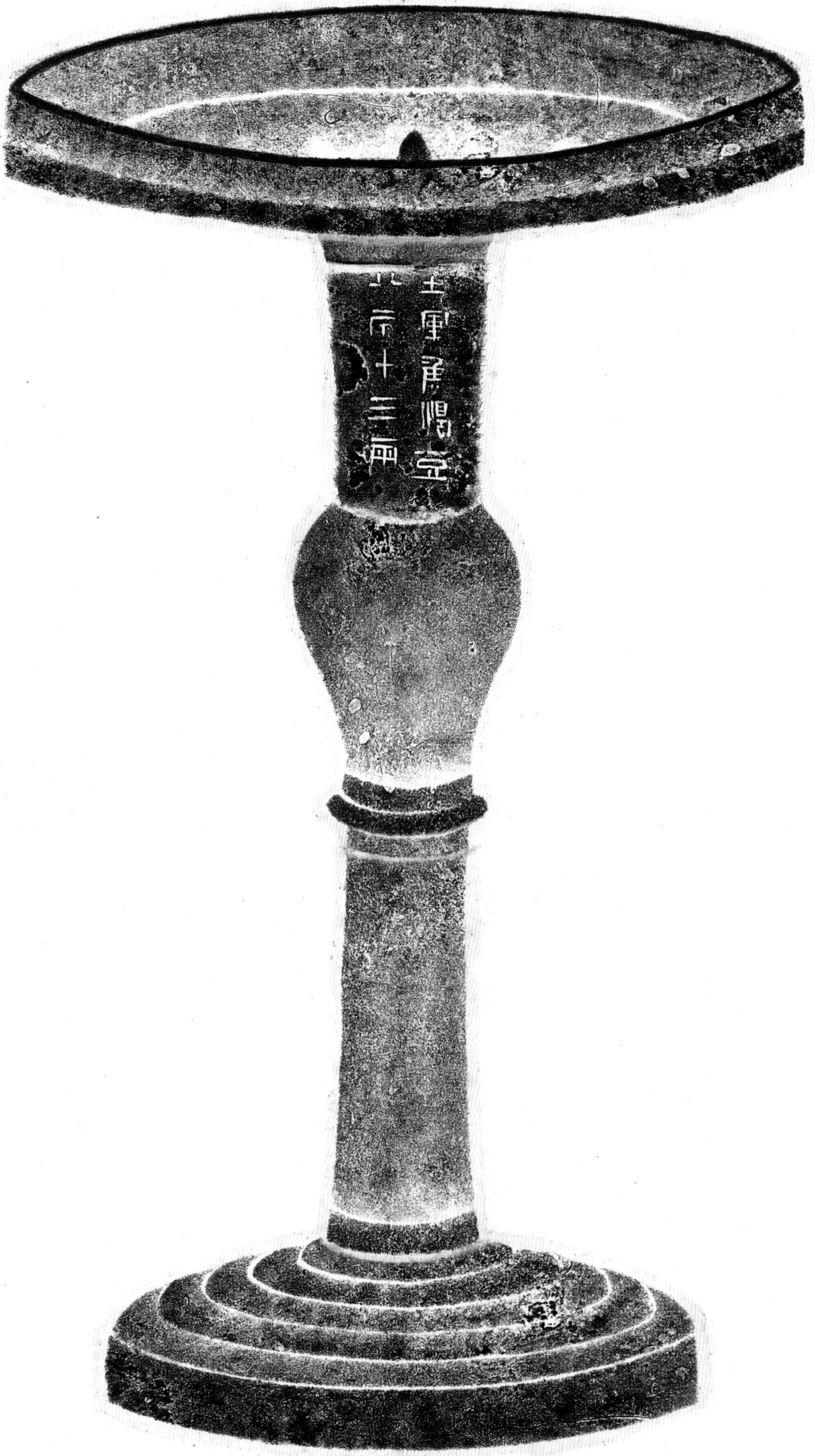
土軍侯燭豆
斤十三兩

一七

土軍侯燭豆 00995.4.11

西漢
全形拓最大縱横33.6×17.9釐米
銘文字數：十
《秦漢》著録編號：三六六

釋文

土軍侯燭豆，
八斤一三兩。

院藏信息

全形拓，登録號00995.4.11，一開
文字拓，登録號440238.5.19，一頁

附録

土軍侯燭豆
十字。
高鐙也。豆，登也。土軍侯宣義，高帝封；劉郢客，武帝封。縣屬西河郡。燭，舊誤鴻。
參見《簠齋金文題識》頁一一五

文曰「土軍侯燭豆，八斤十二兩」，隸書十，在柱。
［編者注：「十二」當爲「十三」，見《漢鐙考記》（二抄校稿），《陳介祺手稿集》第二册第六〇五頁］
參見《漢鐙考記》（底稿），載《陳介祺手稿集》第二册第五九六頁

一八

步高宮鐙 00995.3.19

漢

全形拓最大縱横36.6×16.6釐米

銘文字數：七

《秦漢》著録編號：三六三

釋文

步高宮

工官造

温

院藏信息

全形拓，登録號00995.3.19，一開

文字拓，登録號440238.5.18，一頁

附録

步高宮鐙

七字。

步高宮在新豐縣，亦名市邱城。

温，宮之温室，工官見《漢·地志》。

參見《簠齋金文題識》頁一一四至一一五

文曰「步高宮」，篆書三，平列在上檠外。「工官造」，隸書三，直行在柱中。「温」，隸書一，在下。共七。

參見《漢鐙考記》（底稿），載《陳介祺手稿集》第二册第五九六頁

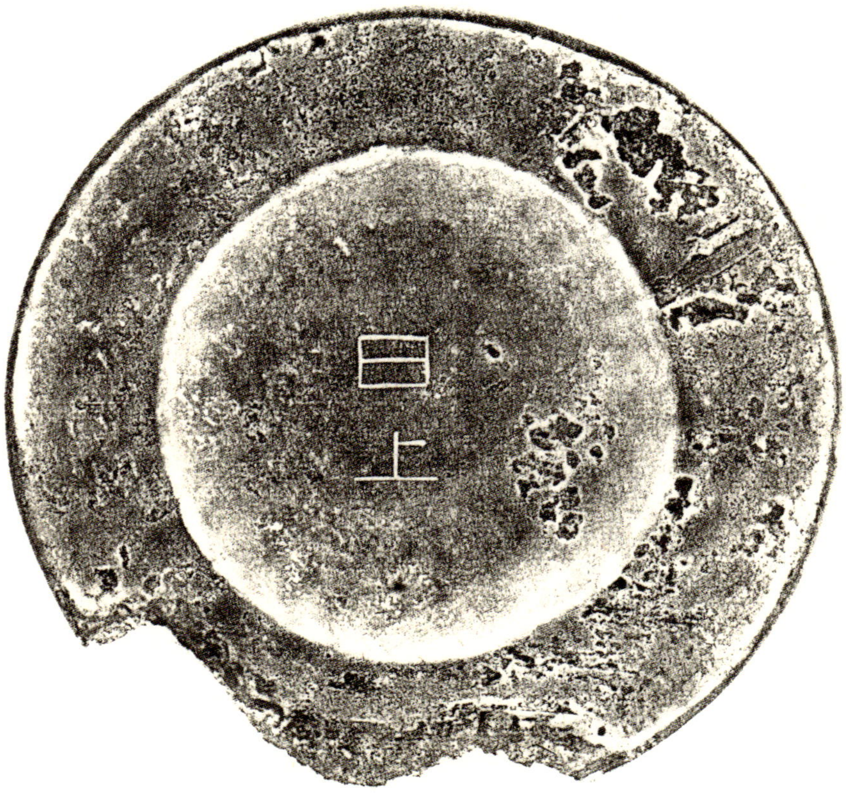

一九

日上鐙盤

440238.5.15

漢

拓本最大縱橫10.7×11釐米

銘文字數：二

釋文

日上

院藏信息

文字拓，登録號440238.5.15，一頁

附録

日上鐙

鐙無底柄，鏤銀文銅片，底不連。有二字。

參見《簠齋金文題識》頁一一八

洗

富貴昌宜侯王洗／富貴昌宜侯雙魚洗／陳富貴昌雙魚洗／長宜子孫雙魚洗之一／長宜子孫雙魚洗之二／君宜子孫雙魚洗／董是洗／大吉羊雙魚洗／吉羊洗之一／吉羊洗之二

洗一

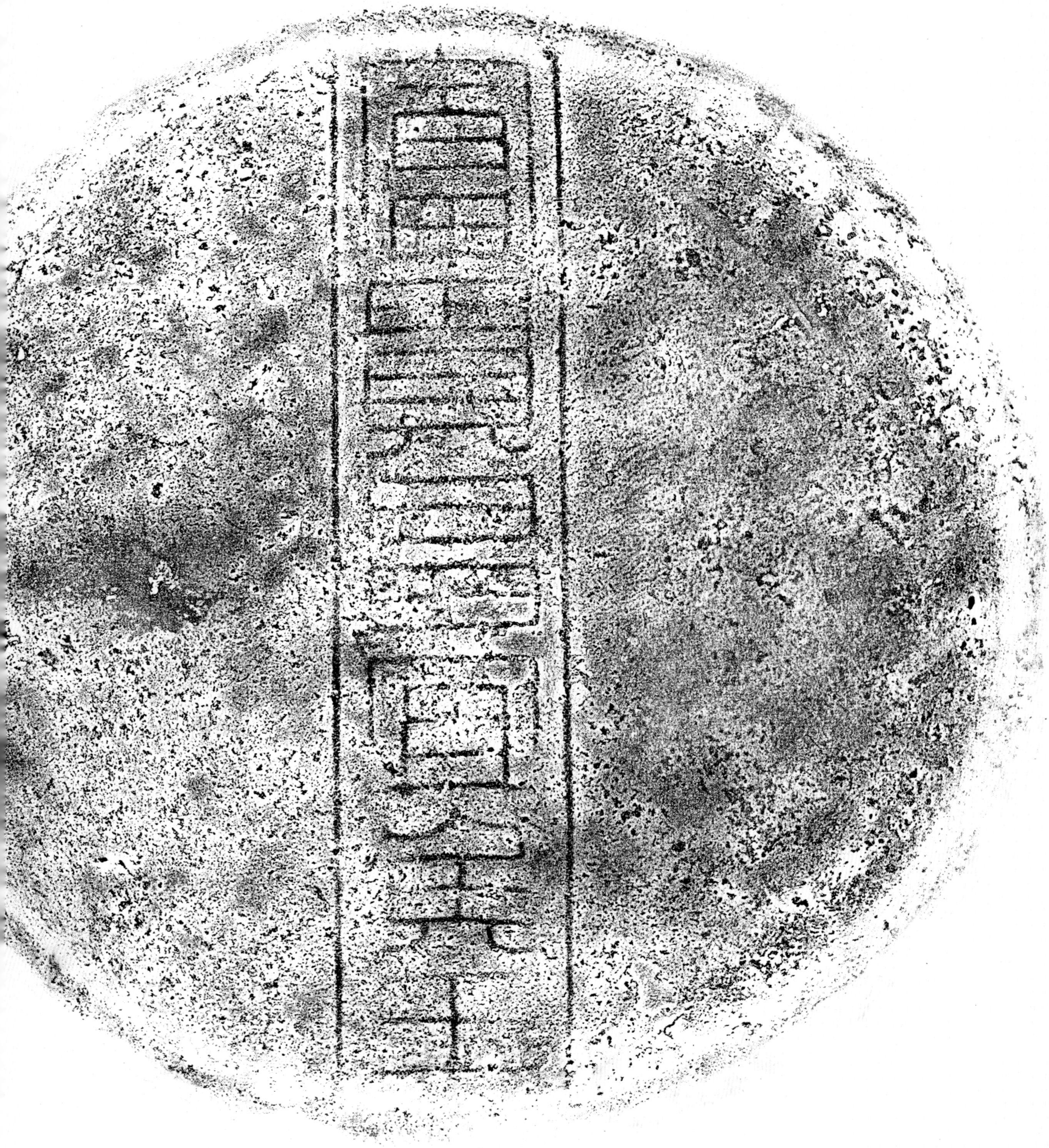

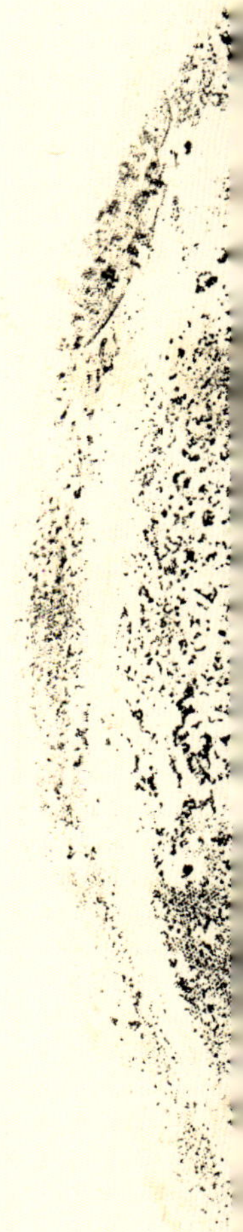

二〇 富貴昌宜侯王洗 00995.5.30

漢

全形拓最大縱橫28.2×46釐米

銘文字數：六

《秦漢》著録編號：四七九

釋文

富貴昌，宜侯王。

院藏信息

全形拓，登録號00995.5.30，二開

文字拓，登録號440238.6.02，一頁

附録

富貴昌宜侯王洗

參見《簠齋金文題識》頁一二六

洗一

二一

富貴昌宜侯雙魚洗

0095.5.34

漢

全形拓最大縱横15×37.5釐米

銘文字數：五

《秦漢》著録編號：四九三

釋文

富貴昌，宜侯。

院藏信息

全形拓，登録號00095.5.34，一開

文字拓，登録號440238.6.03，一頁

附録

富貴昌宜〔侯〕雙魚洗

〔〕即侯省。

參見《簠齋金文題識》頁一二六

洗一

三一

陳富貴昌雙魚洗

00995.5.31

漢

全形拓最大縱横22.4×36.8釐米

銘文字數：四

《秦漢》著録編號：四六九

釋文

陳富貴昌

院藏信息

全形拓，登録號00995.5.31，二開

文字拓，登録號44038.6.01，一頁

附録

陳富貴昌洗

雙魚。

參見《簠齋金文題識》頁一二六

洗一

二三

長宜子孫雙魚洗 之一 00995.5.32

漢

全形拓最大縱横14.1×33.2釐米

銘文字數：四

釋文

長宜子孫

院藏信息

全形拓，登録號00995.5.32，一開

文字拓，登録號44038.6.05，一頁

二四

長宜子孫雙魚洗 之二

00995.4.14

漢

全形拓最大縱横17×27釐米

銘文字數：四

《秦漢》著録編號：四六五

釋文

長宜子孫

院藏信息

全形拓，登録號00995.4.14，一開

文字拓，登録號440238.6.06，一頁

附録

長宜子孫雙魚洗

文同字異。

參見《簠齋金文題識》頁一二七

君宜子孫

二五

君宜子孫雙魚洗 0995.5.33

漢

全形拓最大縱橫16.5×36.5釐米

銘文字數：四

釋文

君宜子孫

院藏信息

全形拓，登録號00995.5.33，二開

文字拓，登録號440238.6.04，一頁

附録

君宜子孫雙魚洗

參見《簠齋金文題識》頁一二六

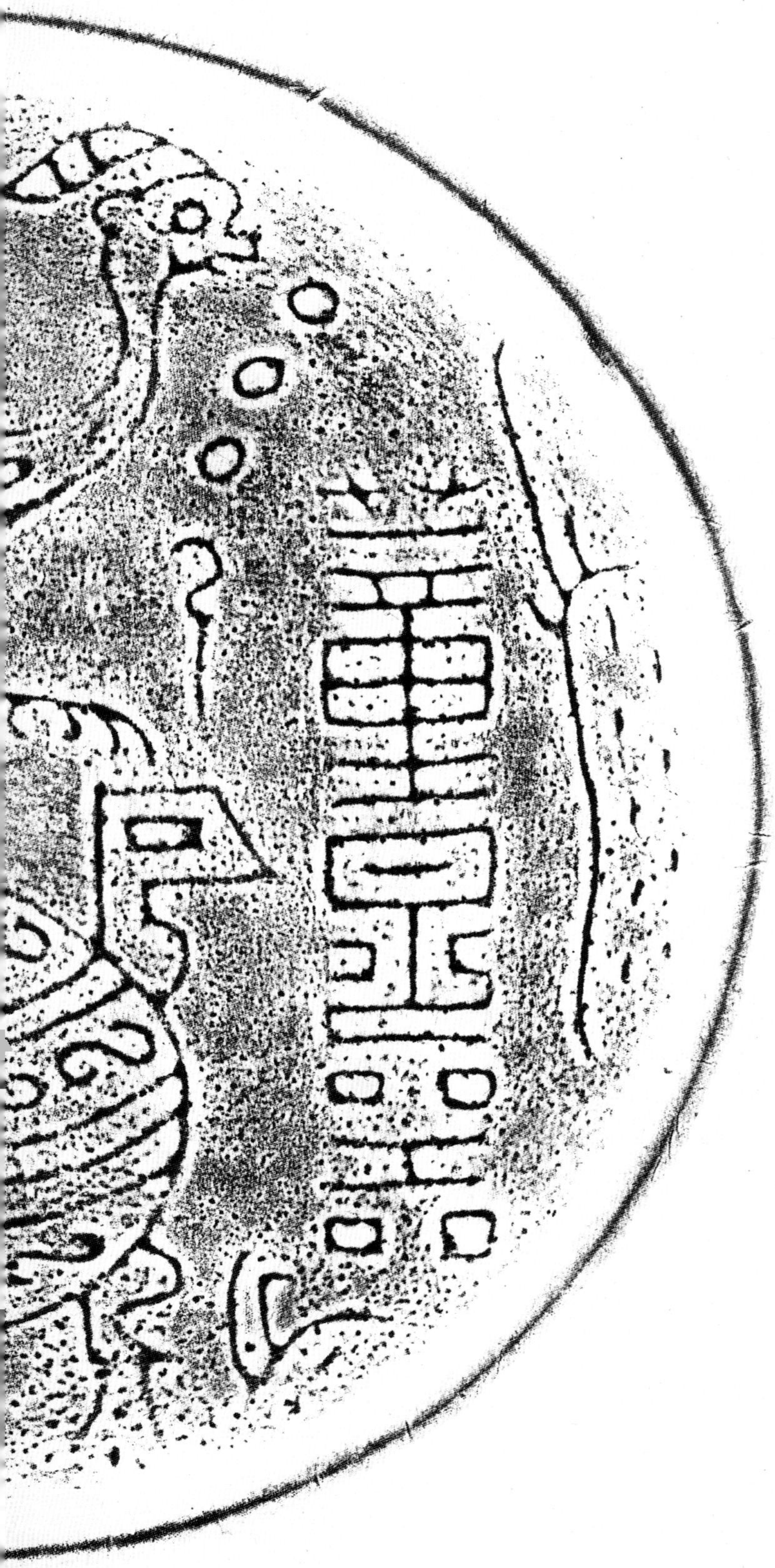

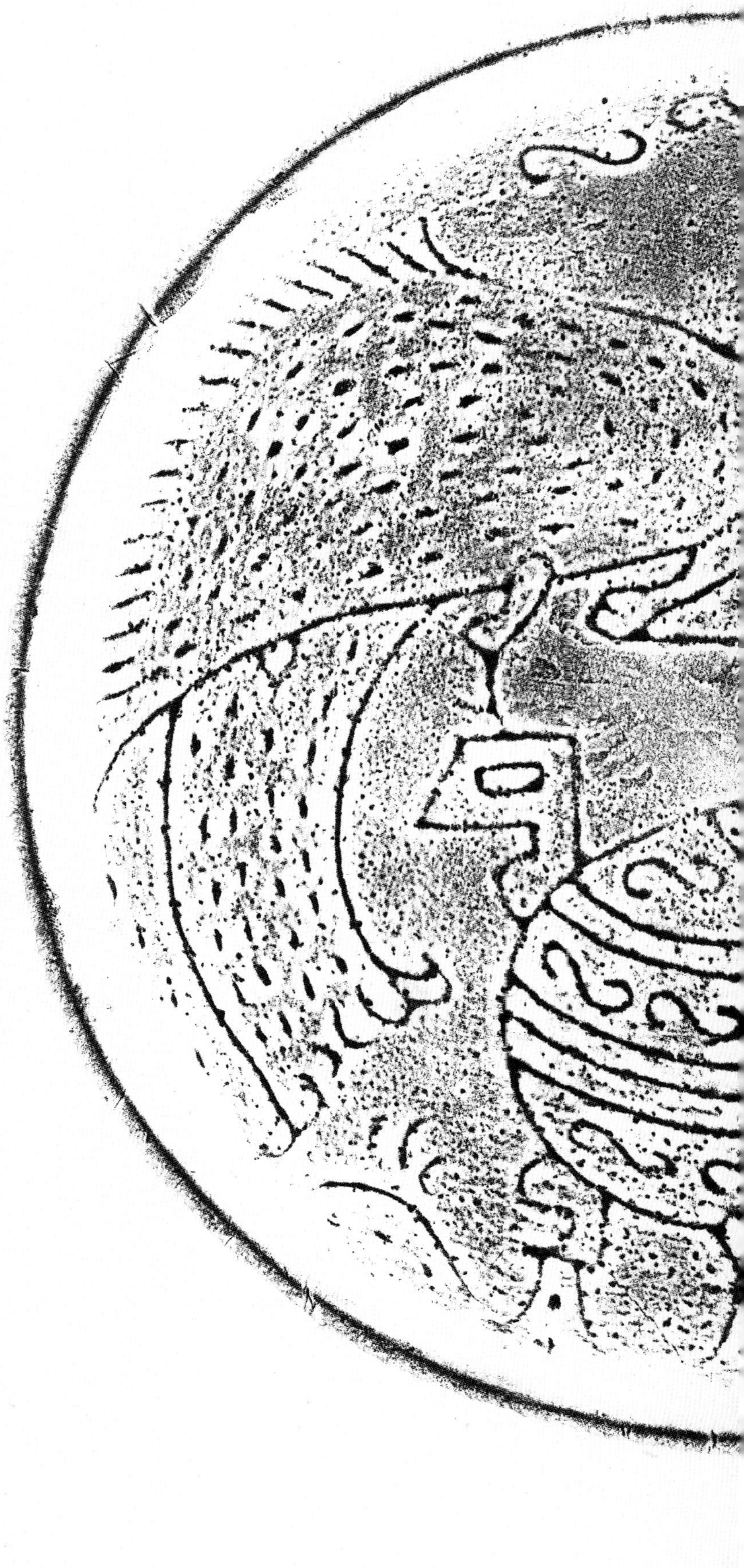

二六

董是洗 00995.4.13

漢

全形拓最大縱橫14.7×37.6釐米

銘文字數：三

《秦漢》著録編號：四四〇

釋文

董是器

院藏信息

全形拓，登録號00995.4.13，二開

文字拓，登録號440238.6.09，一頁

附録

董是器洗

是、氏同。象雉雊鼎耳。

參見《簠齋金文題識》頁一二五

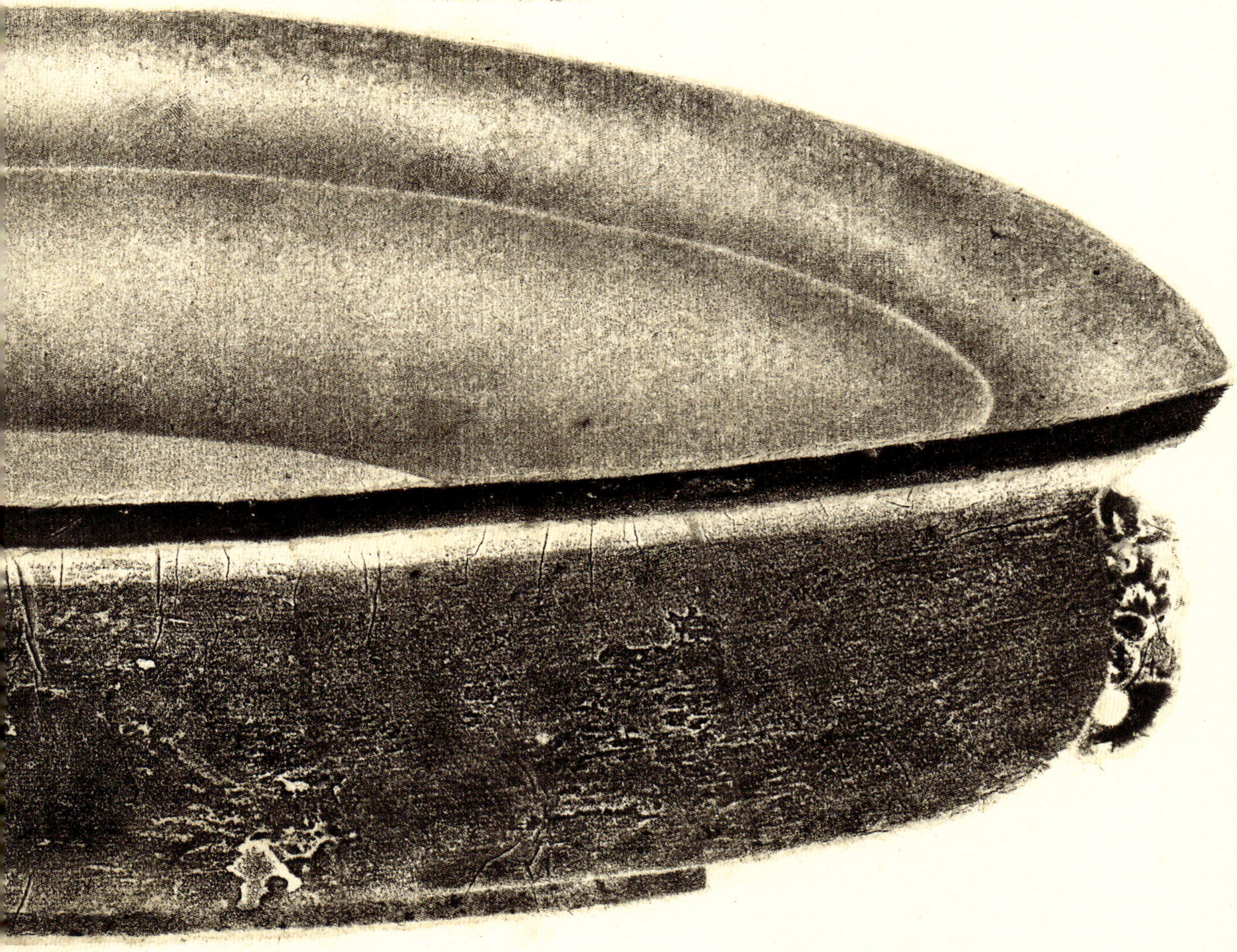

洗一

二七

大吉羊雙魚洗

440238.6.07

漢

拓本最大縱橫15.3×15.1釐米

銘文字數：三

釋文

大吉羊

院藏信息

文字拓，登録號440238.6.07，一頁

君宜子孫

二八

吉羊洗之一

00995.5.35

漢

全形拓最大縱横15×37.5釐米

銘文字數：二

《秦漢》著録編號：五〇七

釋文

吉羊

院藏信息

全形拓，登録號00995.5.35，二開

文字拓，登録號440238.6.08，一頁

二九

吉羊洗 之二 00995.3.21

漢

全形拓最大縱橫14.2×30釐米

銘文字數：二

釋文

吉羊

院藏信息

全形拓，登録號00995.3.21，一開

盨

十六年盨

三〇

十六年鋈 00995.4.34

西漢

全形拓最大縱橫14.6×16釐米

銘文字數：十九

《秦漢》著録編號：一五五

釋文

鋈容五升，

重三斤九兩，

十六年工從

造，第一閔主。

院藏信息

全形拓，登録號00995.4.34，一開

附録

十六年鋈

十九字。文帝十六年，或始皇十六年，未可定。

鋈，温器，象兜鋈形。

《內則》敦牟巵匜之牟當即此，鄭讀曰堥，堥从土，或古陶器。

參見《簠齋金文題識》頁一一二

另有《西漢孝文帝銅鋈考釋》，見《簠齋金文考》頁五至七。

飯幘

常樂衛士飯幘

三一

常樂衛士飯幘 00995.5.29

新莽時期
全形拓最大縱橫11.7×38.9釐米
銘文字數：二十六
《秦漢》著録編號：五二九

釋文

常樂衛士上次士銅飯幘，容八升少，新始建國地皇上戊二年二月造。

院藏信息

全形拓，登録號00995.5.29，一開
文字拓，登録號440238.5.13，一頁

附録

新莽常樂衛士飯幘
式如秦量而底平，名曰幘，可見古幘之形。
莽量也，幘其形。廿六字，外一口高起，即斗檢封。地皇上戊二年。
參見《簠齋金文題識》頁一一九

鍾

扶侯鍾

三一

扶侯鍾 00995.4.07

東漢陽嘉三年（一三四）
全形拓最大縱橫40.9×26.8釐米
銘文字數：二十二（足底五，足外十七）
《秦漢》著録編號：一七九

釋文

扶侯鍾宜⿰丂日（復？）

陽嘉三年九月十八日，雷師作，重二千五百。

院藏信息

全形拓，登録號00995.4.07，一開
文字拓，登録號440238.5.11，一頁

附録

扶侯鍾

足底陽識五字。漢侯扶下有柳、德、平、陽、鄉，此省，未可定。⿰丂日當是復，國除而祝復家與？足外刻款十七字，雷師作，又紀直，又鷺形。陽嘉下當是三字。

陽嘉三年九月十八日十七字鑿款，又鷺形，均在足外。扶侯鍾宜⿰丂日五字鑄款，在底內。

扶鄉侯劉普楚思王子，扶柳侯吕平，扶陽侯韋賢，扶德侯馬宮，扶平侯王崇，無扶侯，扶侯自是東漢所封者。

參見《簠齋金文題識》頁一一一

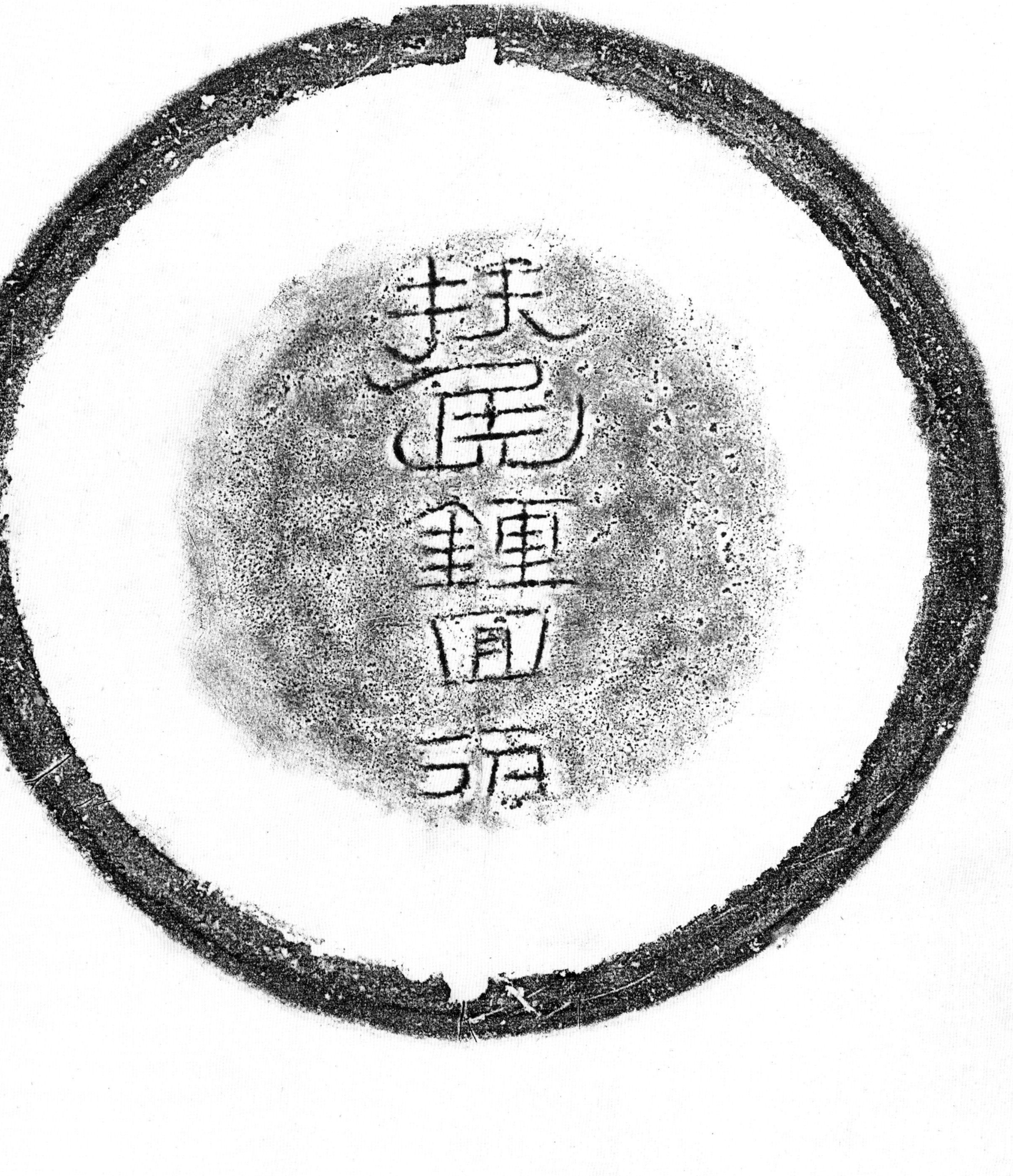

權

長宜子孫小權

三三

長宜子孫小權 440238.5.21

漢

銘文字數：四

院藏信息

全形拓，登録號440238.5.21，一頁

釋文

長宜子孫

附録

長宜子孫小權

字如竟。

參見《簠齋金文題識》頁一二二

樽

太康樽

三四

太康樽

00995.3.22

西晉太康十年（二八九）
全形拓最大縱橫21.5×15.9釐米
銘文字數：十四
《秦漢》著録編號：三八四

釋文

太康十年歲己酉四月，洛陽治造。
五

院藏信息

全形拓，登録號00995.3.22，一開

附録

晉太康匜
十四字。
武帝即位二十六年己酉。
參見《簠齋金文題識》頁一二七

弩鐖

永壽二年正月己卯詔書四石鐖／河内工官千六百廿六兩鐖／河内工官弟六十十兩鐖／河東馮久鐖／魏正始二年左尚方鐖／魏正始五年十二月卅日左尚方造步弩鐖郭

三五

永壽二年正月己卯詔書四石鐖

440238.5.22

東漢永壽二年（一五六）

銘文字數：三十六

釋文

永壽二年正月己卯詔書作四石鐖，郭工童廣史足掾汜丞音令義監作。

考工四石鐖□史官

院藏信息

登録號440238.5.22，一頁

附録

永壽二年正月己卯詔書四石鐖

東漢桓帝。

參見《簠齋金文題識》頁一三〇

三六

河内工官千六百廿六兩鐖

440238.5.25

漢

銘文字數：十

釋文

河内工官千六百廿六兩

院藏信息

登録號440238.5.25，一頁

附録

河内工官千六百廿六兩鐖

郭後牙側、臂側、鐖側、二鍵側文同。

數千六百，重廿六兩。

參見《簠齋金文題識》頁一三一

三七

河内工官弟六十十兩鐵

440238.5.26

漢

銘文字數：九

釋文

河内工官弟六十十兩

院藏信息

登録號440238.5.26，一頁

附録

河内工官弟六十十兩鐵
字在郭後。又牙又臂。文同。
河内郡名，懷縣有工官。
六十言其數，十兩言其重。
參見《簠齋金文題識》頁一三〇至一三一

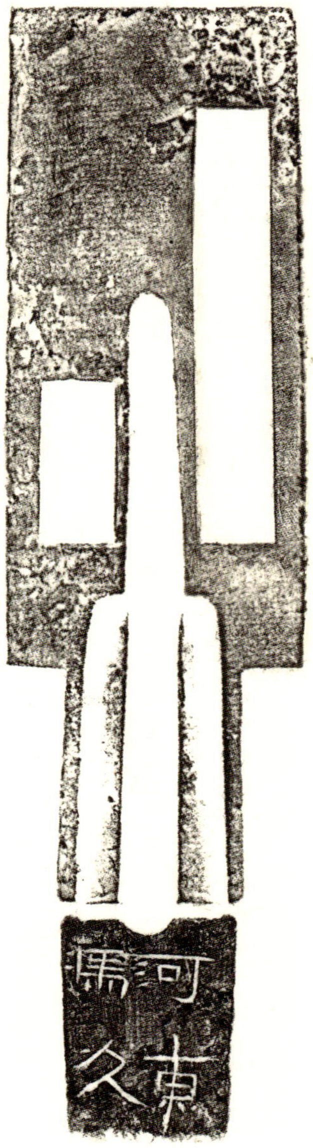

三八

河東馮久鐖

440238.5.27

漢

銘文字數：四

釋文

河東馮久

院藏信息

登録號440238.5.27，一頁

附録

河東馮久鐖

字在前。

河東，郡名。

參見《簠齋金文題識》頁一三二

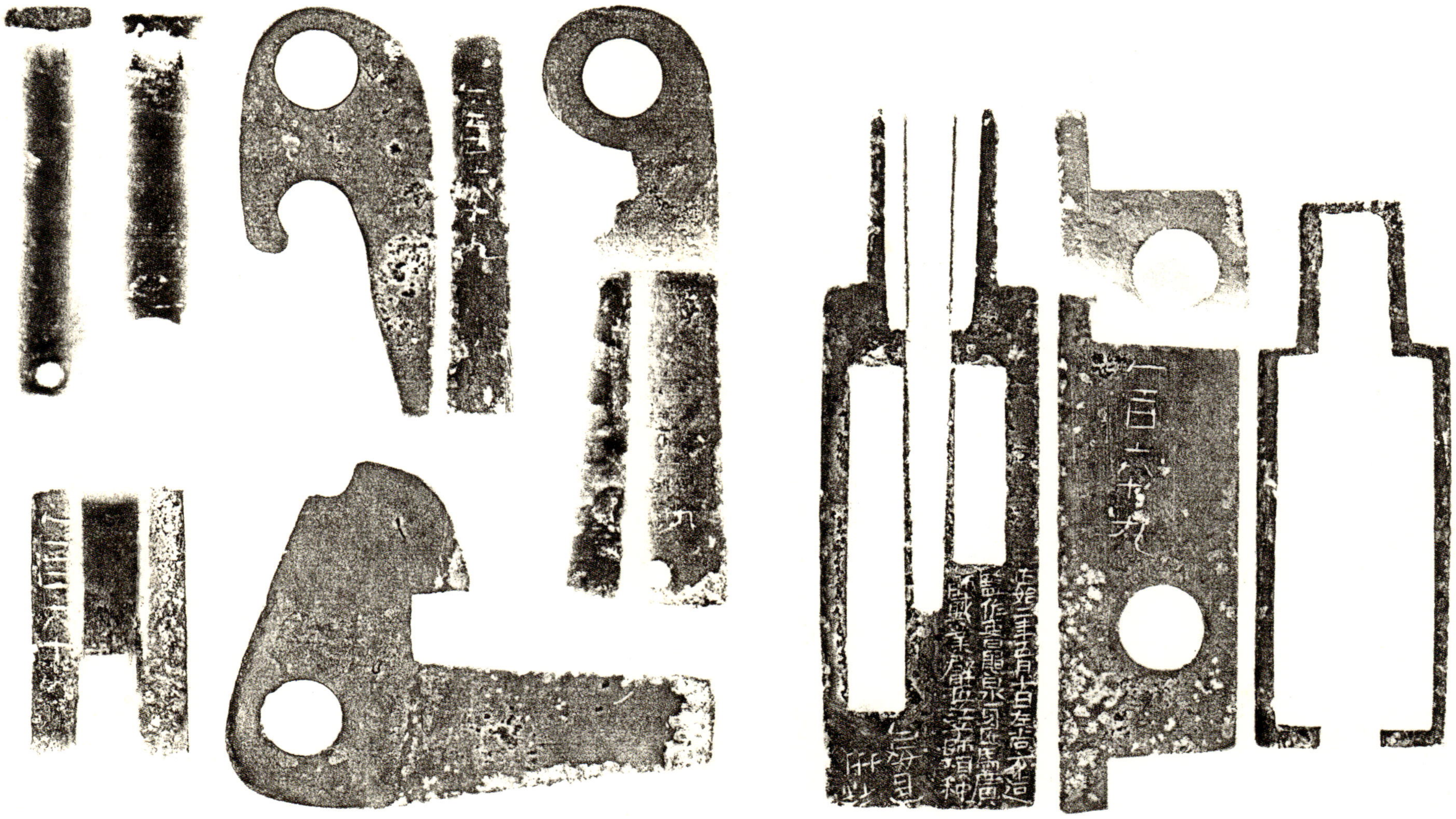

三九

魏正始二年左尚方鐖

440238.5.23

三國魏正始二年（二四一）

銘文字數：四十一

釋文

正始二年正月十日左尚方造，監作吏日黽泉、牙匠馬廣、師戴業、臂匠江子、師項种。

徐州官弩

一百六十九

院藏信息

登録號440238.5.23，一頁

附録

魏正始二年左尚方鐖

字在郭面。又「徐州官弩」四字倒書在後，又「徐」字一在前臂，又「戴」字一在前，又「一百六十九」字在右側，臂上同，牙同，又「軍」字一在牙曲鐖側，存一九字。邵陵公芳。

膠西張不群舊藏。

參見《簠齋金文題識》頁一三三

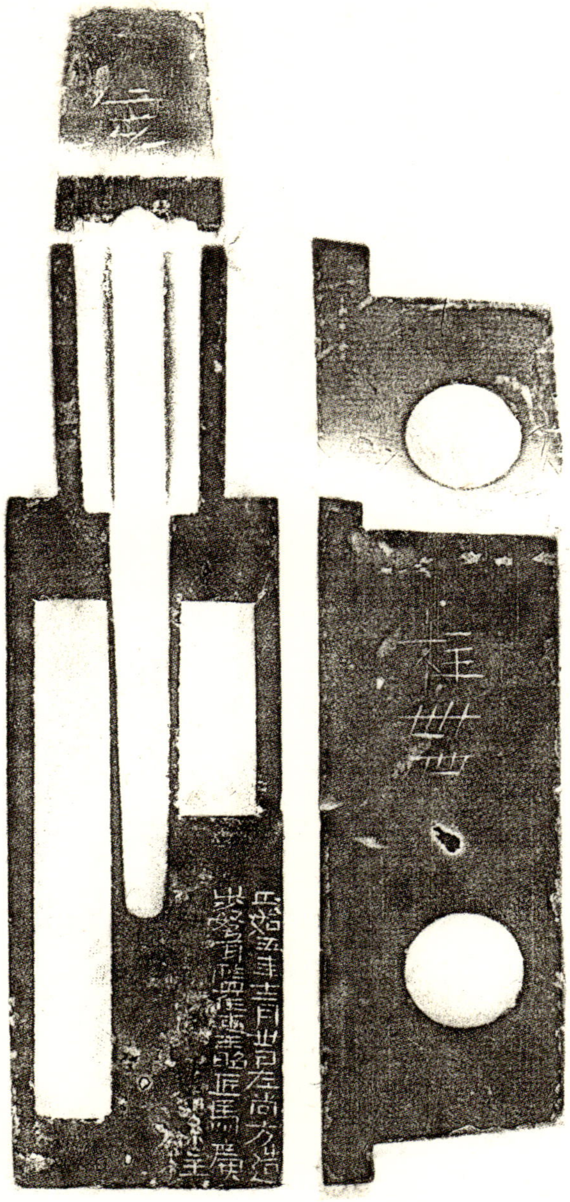

四〇

魏正始五年十二月卅日左尚方造步弩鐖郭

440238.5.24

三國魏正始五年（二四四）

銘文字數：二十九

釋文

正始五年十二月卅日左尚方造，步弩牙監作吏王昭，匠馬廣，□□柱卌四

院藏信息

登録號440238.5.24，一頁

附録

正始五年十二月卅日左尚方造步弩鐖郭字在面。

[illegible]，字在前，舊釋五官。

參見《簠齋金文題識》頁一三三至一三四

車銅

日入千年車銅／日入千年車銅／日□□車銅／大富昌宜牛羊車銅／大吉利車銅／大吉利車銅／宜官三十石車銅／

大吉宜牛馬車銅／大□□車銅／大吉宜[illegible]車銅

四一
日入千年車銅　440238.6.14

漢
拓本最大縱横5.9×6.5釐米（兩面同）
銘文字數：八

釋文
日入千年
日入千年

院藏信息
登録號440238.6.14，一頁

四二

日入千年車銅

440238.6.15

漢

拓本最大縱横5.6×6.6釐米（兩面同）

銘文字數：八

釋文

日入千年

日入千年

院藏信息

登録號440238.6.15，一頁

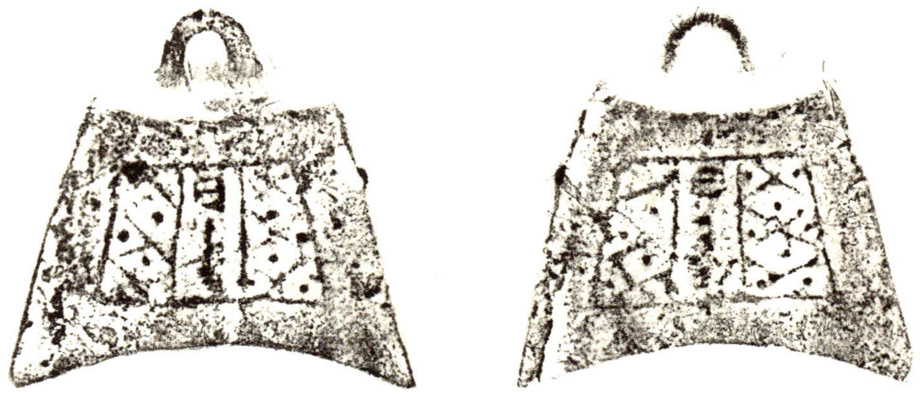

四三

日□□車銅

44238.6.16

漢

拓本最大縱横5.7×5.4釐米（兩面同）

銘文字數：六

釋文

日□□

日□□

院藏信息

登録號44238.6.16，一頁

四四

大富昌宜牛羊車銅

440238.6.22

漢

拓本最大縱横11×12.8釐米（大富昌）、10.6×12.8釐米（宜牛羊）

銘文字數：六

釋文

大富昌

宜牛羊

院藏信息

登録號440238.6.22，一頁

四五

大吉利車銅

440238.6.20

漢

拓本最大縱横4.5×5.2釐米（兩面同）

銘文字數：六

釋文

大吉利

大吉利

院藏信息

登録號440238.6.20，一頁

附録

大吉利車銅

背泉幕文。

參見《簠齋金文題識》頁一一三

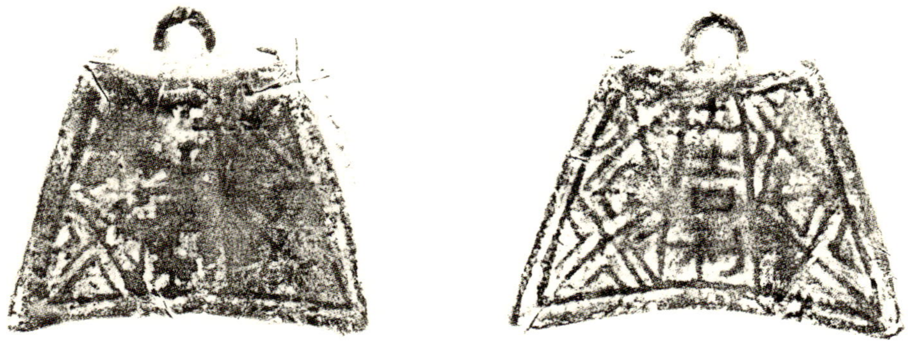

四六

大吉利車銅

440238.6.21

漢

拓本最大縱橫4.5×5.3釐米（兩面同）

銘文字數：六

釋文

大吉利

大吉利

院藏信息

登録號440238.6.21，一頁

附録

大吉利車銅

制同，無泉。

參見《簠齋金文題識》頁一二三

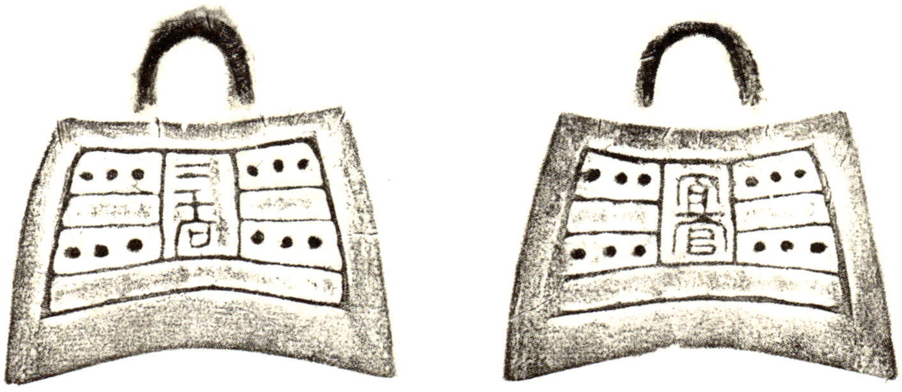

四七

宜官三十石車銅

440238.6.13

漢

拓本最大縱横5×5.2釐米（兩面同）

銘文字數：五

釋文

宜官

三十石

院藏信息

登録號440238.6.13，一頁

四八

大吉宜牛馬車銅

440238.6.18

漢

拓本最大縱横4×4.4釐米（兩面同）

銘文字數：五

釋文

大吉宜

牛馬

院藏信息

登録號440238.6.18，一頁

四九

大□□車銅

440238.6.17

漢

拓本最大縱横4.5×3.9釐米（兩面同）

銘文字數：四

院藏信息

登録號440238.6.17，一頁

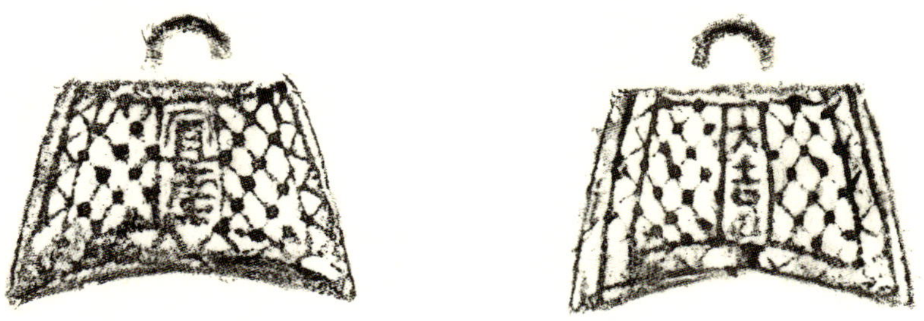

五〇

大吉宜□車銅

440238.6.19

漢

拓本最大縱橫3.4×3.9釐米（兩面同）

銘文字數：四

釋文

大吉

宜□

院藏信息

登録號440238.6.19，一頁

其他

宜子孫貨泉銅器／宜子孫貨泉銅器／宜子孫貨泉雙魚銅器／尚方故治八千萬銅器／大者千萬家銅器／宜子孫銅器

五一

宜子孫貨泉銅器

440238.6.10

新莽時期至東漢初

拓本最大縱橫17.4×17釐米

銘文字數：十一

釋文

宜子孫

貨泉　貨泉　貨泉　貨泉

院藏信息

登録號440238.6.10，一頁

五二

宜子孫貨泉銅器

440238.6.11

新莽時期至東漢初

拓本最大縱横18.8×15.4釐米

銘文字數：十一

釋文

宜子孫

貨泉　貨泉　貨泉　貨泉

院藏信息

登録號440238.6.11，一頁

五三

宜子孫貨泉雙魚銅器

440238.6.12

新莽時期至東漢初

拓本最大縱橫15.4×15.1釐米

銘文字數：七

釋文

宜子孫

貨泉　貨泉

院藏信息

登録號440238.6.12，一頁

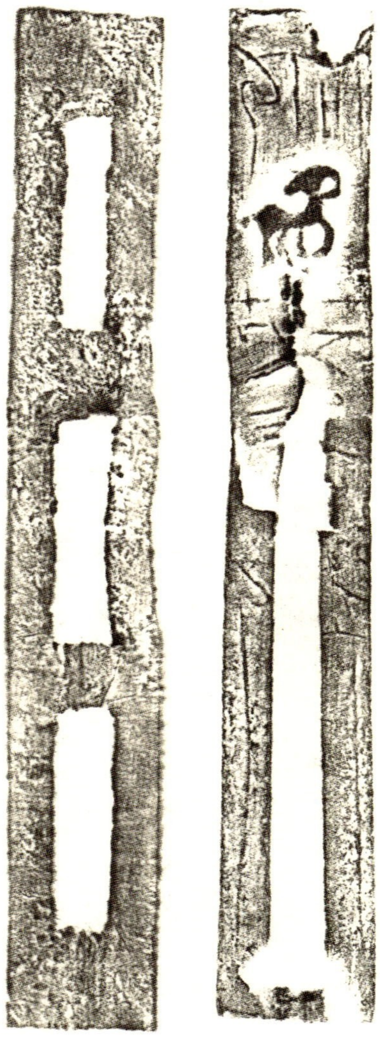

五四

尚方故治八千萬銅器 440238.5.28

漢

拓本最大縱横14×2.1釐米（兩面同）

銘文字數：七

釋文

尚方故治八千萬

院藏信息

登録號440238.5.28，一頁

附録

尚方故治八千萬銅器

尚方下有羊形。此種内銅，誤名曰藕心泉久矣。徐新坩字：鎖，門鍵也。此似藕心者乃鍵之鐵。完字、千金氏字者同。

參見《簠齋金文題識》頁一二一

五五

大者千萬家銅器

440238.5.29

漢

拓本最大縱横8×1.5釐米（兩面同）

銘文字數：五

釋文

大者千萬家

院藏信息

登録號440238.5.29，一頁

附録

大者千萬家銅器

大者或是大族之文。

參見《簠齋金文題識》頁一二一

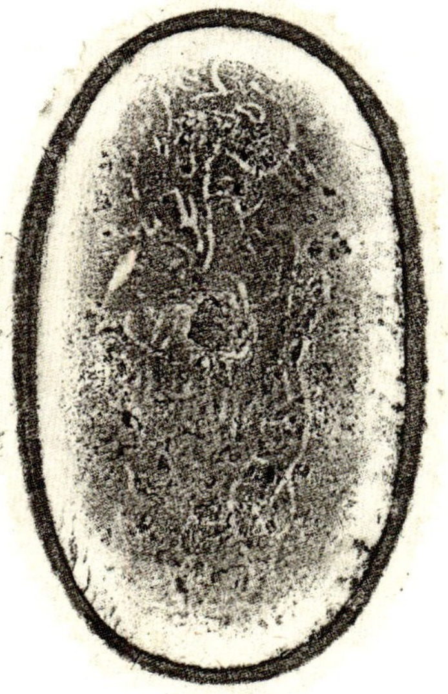

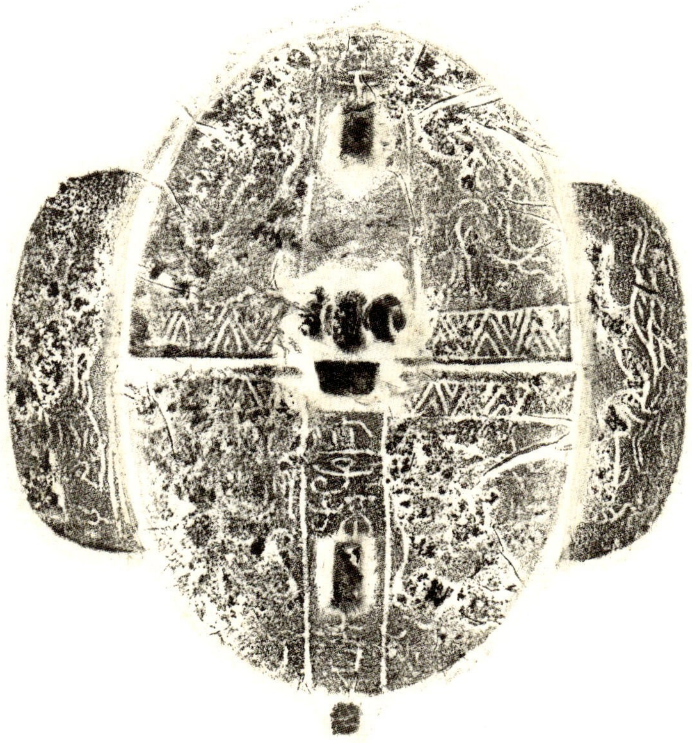

五六

宜子孫銅器 440238.5.20

漢

拓本最大縱横9.9×9釐米（有字面）

銘文字數：三

釋文

宜子孫

院藏信息

全形拓，登録號440238.5.20，一頁

附録
陳進藏《十鐘山房藏古目》

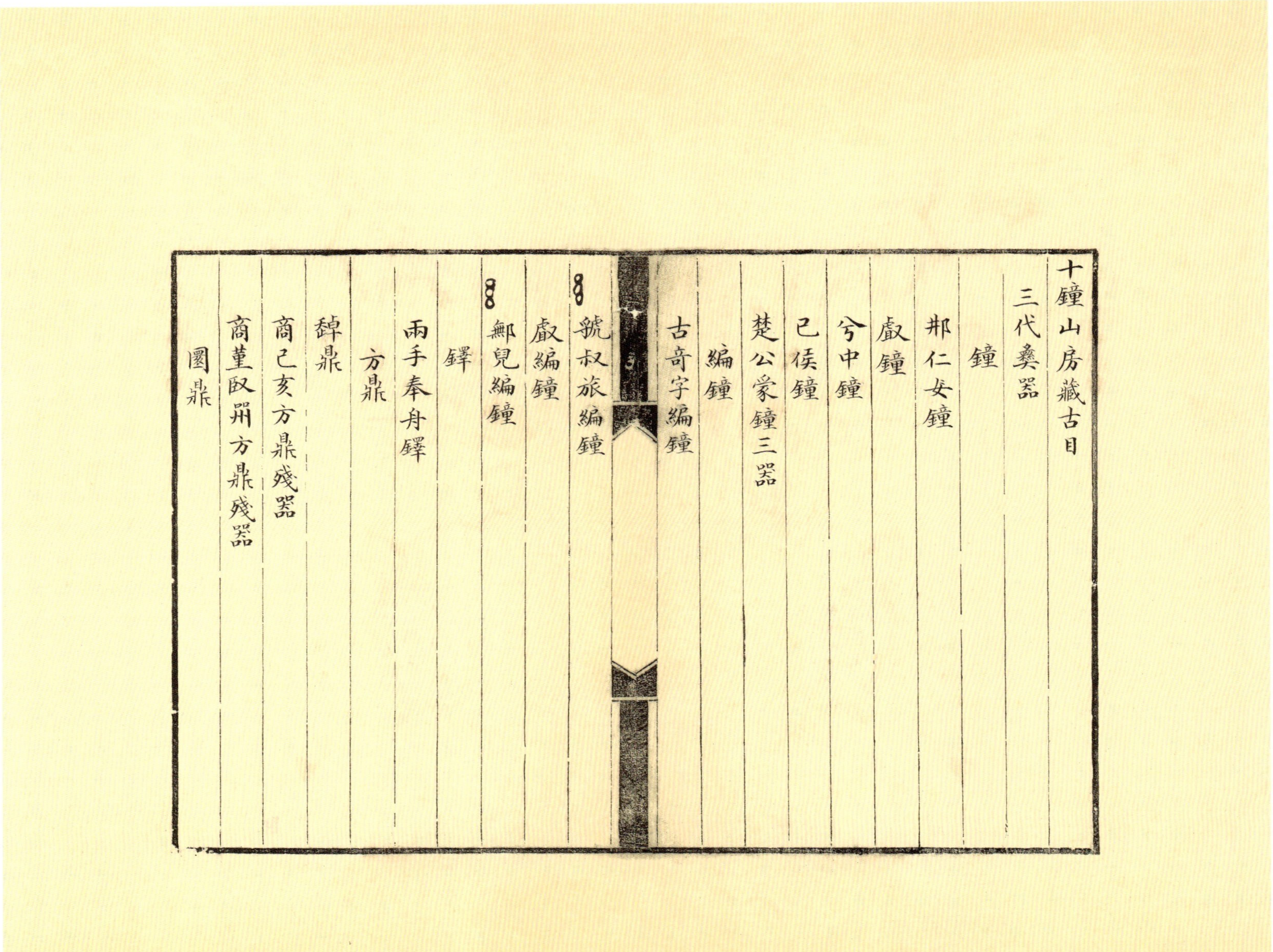

十鐘山房藏古目

三代彝器

鐘

邢仁妥鐘

𠭯鐘

兮中鐘

己侯鐘

楚公冢鐘三器

編鐘

古奇字編鐘

虢叔旅編鐘

𠭯編鐘

鄦兒編鐘

鐸

兩手奉舟鐸

方鼎

餗鼎

商己亥方鼎殘器

商董臤册方鼎殘器

圜鼎

周毛公厝鼎
周器侯馭方鼎
商天君鼎
商鼎字鼎
堇伯鼎
伯魚鼎
杞伯敏父鼎
陳侯鼎
犀伯魚父鼎
鄭君㪤鼎

甚鼎
衰鼎
子鼎
伯鼎
旁肇鼎
釐鼎
眉殊鼎
商字鼎蓋
梁上官鼎
犧尊

亞中此犧尊
丕犧尊蓋
尊
錯尊
囧文旁尊
傳尊
應公尊
員父尊
魚尊
子祖辛足跡形尊

總兩角形子父己尊
卣
效卣
盤仲狂卣器
伯睘卣
豚卣器
矢伯雞父卣
析子孫父乙卣
罟父辛祖己卣
析子孫父丁卣

子孫父癸卣殘器
祖癸卣殘器
舟万父丁卣器
壺
中伯壺蓋
罍
欽罍
缾
緻悆君缾
斝
亚虎父丁斝
䀠乙斝
觚
天子班觚
手薦血形父丁觚殘器
父乙子豕形觚
祖戊觚
叔觚
亢觚
觶

母甲觶
周垣重屋祖己觶
父丁吉田觶
㓜子作父丁觶
子魚父丁觶
子孫父己觶
聿貝父辛觶
舉父己觶
子父庚觶
亞中子形父乙觶
毛觶
舉祖戊觶
舉祖丙觶
癸觶
子執柯提卣父癸觶
子立刀形觶
角
宰椃角
父乙夋角
父乙陝冊角

觥
敄關觥
爵
孟爵
虡爵
祖辛爵
癸⿱罒又爵
二龍奉中父癸爵
兩手奉中爵
父己析子孫爵
父戊舟爵二器
子在襁子執干形爵
立瞿中ㄗ爵
子壬乙辛爵
曲祖癸爵
祖乙爵
祖辛爵
山丁爵
子丁爵
丁舉爵

乙

作乙公爵
手執節手執中爵
告父戊爵
子孫爵
父甲爵
子ㄗ父乙爵
镸作父乙爵
旂單父丙爵
魚父丙爵
㚇父丁爵
子八父丁爵
父丁舉爵
父丁爵三器
呈父戊爵
舉父己爵
子負主父庚爵
百父辛爵
乇父辛爵
二足蹈矩父癸爵
子提卣父癸爵

三

手執爵形父癸爵
雙爵形父癸爵
爵形父癸爵
爵集木父癸爵
饕餮爵三器
鶼爵
魚爵
舉爵三器
子爵
㼝爵
四耳敦
聃敦器
敦
頌敦蓋
君夫敦蓋
皿皇父敦
𣏕敦
師害敦二器
豐兮尸敦
小子師敦器

商祖庚乃孫敦器
格伯敦
城虢遣生作敦器
㚤句母敦器
伯闢敦殘器
己侯敦
㭉昔敦器
伯喬父敦器
中敦器
㚇父乙卯敦器
伯魚敦
伯魚敦殘器
商叔父癸敦
商子戊敦器
商癸山敦器
商廟形重屋敦器
雙鳳集木敦器
錞附卽敦
陳侯因資敦器
盤

夏饕餮盤 未拓
兮田盤 有手録釋文題字
齊太僕歸父盤殘器 有手題
中盤 手題釋文 無拓
商㝬虎盤 有題
陵子盤 有手題
𦅫父盤

匜
商㝬虎匜 有手題
陳子子匜 有手題

十

王𡧨𡴅孟姜匜
𤰈皇父匜
周窒匜 有題字
黃中匜
穌甫人匜 有手題

𨱏
齊太公子和子𨱏
陳猶𨱏 有題字 二區有手釋

鍨
齊左關鍨

鬲
艾伯鬲
鄭燕伯鬲
郳伯鬲

簠
曾伯霥簠
鄦子妝簠
鄀公諴簠
虢叔簠

簋
遅簋

甗
龔妊甗殘器
伯貞甗殘器

盉
商立瞿子執干形盉
商父辛盉蓋

和 附
史孔和器

鎣

右里鋻二器

鐱

王元詶鐱

高揚四鐱

叔尨鐱

古金銀錯十二字鐱拊環

干首

五字干首

㕛干首

瞿

夏彡瞿

商瞿鉞形瞿

商𢆶匕瞿

商虎文立刀瞿

戈

商梁伯戈

商奇字龍首戈

二年羣子戈

卅二年戈

四年邦戈柲

十八年戈柲

大嚚戈

秦子戈

宋元公戈

歐王戈

歐王戈柲三器

台㞾造戈金二化戈

平陽高韹里戟戈

高密造戈

羊子戈

命趙將口䜩戈柲

𥁕𠂤歸戈

作遹右戈

封斤徒戈

䔢戢口戈

子㜏子造戈

長畫戈

周右軍戈柲

鄭武軍殘戈柲

陳

陳麗子穴造鈛戈
徭止八字戈
陳右造鈛戈
平阿右戈
平陸左戈
陳豢邑戈
子斵子戟
皇邑左戈
右濯作戈
侶瘨戈
右卯戈
蔑芓戈
白新戈柲
桌戈
㙜戈
陳簌戈
吾宜戈
龍文古戈
雷文古戈
矛
帝降矛二
敺王矛三
㕓八川右矛二
武般矛
鐏
右午義鐏
銅器
豐字銅器二
周金鋪
周距末
秦器
權
秦始皇詔銅版鈛權
權版
秦始皇詔鈛權銅版
秦始皇詔二世詔鈛權銅版
量
秦始皇詔二世詔銅量
量版
秦始皇詔木量銅版

秦二世詔木量殘銅版
秦二世詔木量銅版三
度版
秦始皇詔殘銅版
瓦量
秦始皇詔瓦量二十五
戈
秦不韋詔事戈
矛
高奴矛

漢器
鼎
雲陽鼎
犛車宮鼎
美陽共厨金鼎
杜共鼎蓋
上林鼎
乘輿十湅銅鼎
臨菑鼎
廢卯鼎蓋

菑川金鼎
陽周倉金鼎
安成家銅鼎
口口鼎
鍑
漁陽郡考文廟銅甗鍑
䰝
漁孝廟䰝
鍾
新莽中尚方鍾

東漢陳彤鍾
扶侯鍾
鍪
十六年鍪
熏鑪
陽泉使者舍熏鑪
鴈足鐙
綏和銅鴈足鐙
高鐙
萬歲宮鐙

臨虞宮鐙
步高宮鐙
燭豆
土軍侯燭豆

錠
曲成家銅錠
行鐙
桂宮前浴行鐙
池陽宮行鐙
開封行鐙

日上鐙
行鐙鋬
未央宮尚浴府乘輿行燭鋬
飯幘
新莽常樂衛士飯幘
壺
富貴壺
金刀
膠東食官金刀
銅器

尚方故治八千万銅器
完字銅器
千金氏銅器
大者千萬家銅器 二
權
新莽建八兩圜權
長宜子孫小權
車銅
前右上廣車銅
在厚下車銅

大吉利車銅 二
蓧調
青陽畢少郎蓧調
刀圭
大郭刀圭
洗
董氏器洗
董氏作洗
吉羊洗
吉羊殘洗

嚴氏造吉羊形洗
吉羊富貴洗字
陳富貴昌洗字 雙魚
富貴昌宜刀雙魚洗
富貴昌宜侯王洗字
君宜子孫也雙魚洗
君宜子孫雙魚洗 二
長宜子孫雙魚洗
又一 文同字異
大吉羊雙魚洗

匳
晋太康匳
銅牌
西夏銅牌
弩鐖
永元六年十万工造四石鐖郭
元初二年賞邉口八石鐖郭
元初二年残鐖郭
永和二年五月書言府四石鐖
永壽二年正月己卯詔書四石鐖

京兆官弩弩牙
太僕鐖
河内工官弟六十十二兩鐖
河内工官百八口三口鐖鍵
河内工官千六百卄六兩鐖
河内工官二千九十兩鐖
南陽工官鐖 二
館陶郭小鐖
河東馮久鐖
河東李游鐖

大吉弩
魏正始二年左尚方鐖
正始五年十二月廿日左尚方造步弩鐖郭
何氏小鐖
郘贇陳宗鐖郭
遅秀調祝元釦弩牙